# 国家教师发展报告

## *2021—2022* 年

### 教师编制制度

李廷洲　彭泳斌　李新翠　等著

华东师范大学出版社

·上海·

**图书在版编目（CIP）数据**

国家教师发展报告. 2021－2022 年：教师编制制度 /
李廷洲等著. —上海：华东师范大学出版社，2024
　ISBN 978－7－5760－4887－2

　Ⅰ.①国… Ⅱ.①李… Ⅲ.①教师－职业－研究报告
－中国－2021－2022　Ⅳ.①G451

　　中国国家版本馆 CIP 数据核字(2024)第 069008 号

**国家教师发展报告（2021—2022 年）**——教师编制制度

著　　者　李廷洲　彭泳斌　李新翠　等
责任编辑　孙　娟
责任校对　王丽平　时东明
装帧设计　卢晓红

出版发行　华东师范大学出版社
社　　址　上海市中山北路 3663 号　邮编 200062
网　　址　www.ecnupress.com.cn
电　　话　021－60821666　行政传真 021－62572105
客服电话　021－62865537　门市(邮购)电话 021－62869887
地　　址　上海市中山北路 3663 号华东师范大学校内先锋路口
网　　店　http://hdsdcbs.tmall.com

印　刷　者　上海盛隆印务有限公司
开　　本　787 毫米×1092 毫米　1/16
印　　张　10.25
字　　数　206 千字
版　　次　2024 年 6 月第 1 版
印　　次　2024 年 6 月第 1 次
书　　号　ISBN 978－7－5760－4887－2
定　　价　68.00 元

出版人　王　焰

本书系国家社科基金教育学青年课题"公办中小学编外聘用教师的政策创新与风险防范研究"(课题编号 CFA200247)研究成果

# 序（一）

　　《国家教师发展报告（2021—2022 年）》是李廷洲研究员领衔的《国家教师发展报告》系列的第三本，在 2019 年关注"教师职业吸引力"、2020 年度关注"教师评价改革"的基础上，本书以"教师编制制度"为主题，具有重要的政策价值和实践意义，也有很强的时代性。看到研究团队能够持之以恒地在教师队伍建设领域潜心深入研究，并且持续产出成果，我感到很欣慰。

　　教师队伍对于中国建设教育强国具有重大意义。正如习近平总书记所说："强教必先强师。要把加强教师队伍建设作为建设教育强国最重要的基础工作来抓。"编制制度是我国教师队伍建设的基础性制度，具有鲜明的中国特色，受到决策者、管理者、广大教师和全社会的高度关注，也是争议、问题集中的领域。《国家教师发展报告（2021—2022 年）》聚焦"教师编制制度"，在实证研究的基础上，从多个角度做出学理剖析，对于回答认识上的困惑，进而解决政策和实践中的问题，作出了理论贡献。

　　《国家教师发展报告（2021—2022 年）》延续了一贯的风格和框架，首先回顾了 2021 年度全国教师队伍建设的事业发展，并综述了年度的大事记和学术议题。其次，分别讨论了幼儿园、中小学、中等职业学校教职工编制制度的整体形势、关键问题和政策建议。再者，本书的专题报告部分分六个章节分别就教师编制制度的六个专题开展深入研究，阐述其中的特有规律。最后，本书还介绍了山东省和成都市武侯区两个区域的实践案例，分析了其举措以及可资借鉴的经验。

　　本书对教师编制制度做出了深入、系统的研究和讨论：既关注教师编制的政策，也关注其中的理论逻辑和实践案例；既研究国内教师编制制度，也关注国际上具有可比性的相关制度；不仅关注基础教育教师编制制度，也对职业教育教师编制制度做了研究。本书是对教师编制制度研究的深化，也对政策和实践有很好的启示意义。

　　本书延续以往的传统，选题有时代性，有很好的理论品质，基于扎实的实证研究证据得出确切的结论。希望本书能为教育研究者带来思考和启发，也能为决策者、政策执行者以及一线的校长和教师提供参考。

　　今天，教师的极端重要性已经越来越成为各界的共识，但也有大量值得研究的重要课题。研究团队在这个领域里持续、深入地开展研究，我认为大有可为。希望团队把这项研究持续做下去，为教育研究、教育决策和教育实践作出更多贡献。

中国教育学会名誉会长
北京师范大学资深教授

# 序（二）

习近平总书记在 2023 年 5 月 29 日中央政治局第五次集体学习时的讲话中指出："强教必先强师。要把加强教师队伍建设作为建设教育强国最重要的基础工作来抓。"国际上的学术研究和公共政策也取得了一个重要共识，即教师是影响教育质量的最重要的因素。上海师范大学国际教师教育中心（联合国教科文组织教师教育中心）李廷洲研究员团队出版《国家教师发展报告（2021—2022 年）》，深入研究中国教师队伍建设中的根本性问题，具有重要的理论价值、政策价值和鲜明的时代性。

编制制度是具有中国特色的教育人力资源管理制度，在统筹国家和各地区教师资源配置、管理方面发挥着重要功能。但在实践当中，又面临着标准不够合理，管理体制机制的适应性不够等现实问题，成为制约改革发展的重要因素之一。编制制度与聘任制度之间的匹配性也始终存在着争议。这些现象和问题既是政策问题，更是理论问题，迫切需要通过深入的研究做出回答。《国家教师发展报告（2021—2022 年）》以"教师编制制度"为主题展开了系统的分析，找到了关键问题的关键环节，对于阐释和回答上述问题作出了贡献。

联合国教科文组织教师教育中心是联合国教科文组织（UNESCO）设立的分支机构，依托上海师范大学建设。中心的使命是"成为教师教育领域的服务提供者、标准制定者和研究与资源管理中心"，职能是知识生产、能力建设、技术服务和信息共享。中心同时也是上海市一类高校智库，承担着为国家和上海市提供高质量决策咨询服务的使命。教师教育和教师政策是中心核心的研究领域，围绕这个主题，研究团队开展了持续多年的深入研究，参与组织了"教师教育国际调查"（TALIS）、"课堂教学视频研究"（TALIS Video Study）等多项国际研究项目，也直接参与了《教育强国建设规划纲要》（教师章节）研制、《教师法》修订等国家重大政策研究。《国家教师发展报告（2021—2022 年）》是研究团队在长期工作积累基础上完成的成果，也是中心在该领域的代表性成果。

《国家教师发展报告（2021—2022 年）》的研究和撰写很好地综合了理论品质、战略思维和科学实证精神，在大范围调查研究基础上，基于合理的理论分析框架，得出可靠的研究结论，是教育研究的优秀成果。本书第一部分以年鉴的形式综述了 2021 年教师队伍建设的年度进展和标志性的重大事件，以及学术界广泛讨论的研究议题。第二、三、四部分围绕"教师编制制度"主题展开，包括主报告、专题报告和区域案例报告，深入讨论教师编制的理论、实践和政策问题。这本书直接回应教师编制制度改革中的重点、难点问题，具有很好的问题意识。

连续出版年度报告是一件很难得的事情,要求研究团队持续深入地在一个领域不断深耕,不仅考验着学术水平和研究能力,也考验着持续攻坚的意志力。正因如此,年度报告也有很高的显示度,是一个团队研究水平的重要标志。希望团队把这项研究坚持做下去,作出更大的理论贡献和社会影响,也作出更大的政策贡献。

上海师范大学原校长、教授
联合国教科文组织教师教育中心主任 张民选

# 前言

　　编制制度是我国教师人事制度体系中的基础性制度，在教师队伍建设中发挥着关键作用，是教师职业吸引力的重要来源，但在实践中也存在突出的矛盾。在我国，编制是国家意志表达与执行的载体，是党领导公共教育事务的政治资源和执政资源，也是教育领域全面加强党的领导的关键着力点。同时，编制具有明显的属地特征和部门特征，是地方政府和有关部门的重要行政资源。对教师个体而言，一旦进入事业编制，其工作便具备高度的稳定性和福利性，而且与教师的工资收入、晋升机会、退休待遇、社会保障、子女受教育机会、职业稳定性等诸多因素捆绑在一起，并且隐含着特定的声誉、地位、身份属性，从而使编制成为一种符号资本。正是这些多重属性共同建构了编制制度的政策形态和文化形态，也可以在很大程度上解释实践中存在的复杂现象和多重矛盾。为了深化对教师编制制度的理论认识，积累更加丰富的经验证据，提出若干符合规律性的政策方案，本年度报告聚焦"教师编制制度"。

　　《国家教师发展报告（2021—2022 年）》延续了过去的体例结构，包括四个部分。第一部分为教师队伍建设年度进展报告。基于统计数据描绘了 2021 年各级各类教育教师队伍建设的事业发展成就和进展。记录了 2021 年发生的重要事件、重要文件、重要会议、标志性的政策举措等，并对本年度学术研究的成果、观点做了综述。第二部分为教师编制研究主报告，分别呈现了幼儿园教职工编制改革研究、中小学教职工编制改革研究、中等职业教育教职工编制改革研究的相关发现。第三部分为教师编制研究专题报告，从不同的角度讨论了教师编制的理论和政策问题，包括中小学教职工编制的政策分析、中小学教师编制的理论逻辑、基础教育师资配置标准政策变迁的制度逻辑、公办中小学编外聘用教师问题研究、义务教育教师管理体制研究、世界各国教师配备标准及管理的主要特征六个专题。第四部分为典型案例报告，在调查研究的基础上阐述了山东省、成都市在教师编制制度改革等方面的政策举措，分析了改革积累的主要创新经验。

　　本报告是团队合作的成果。第一部分主要由李廷洲、彭泳斌、张罗完成，第二部分主要由李廷洲、吴晶、尚伟伟完成，第三部分第六章和第七章主要由李廷洲完成，第八章主要由李新翠完成，第九章和第十章主要由李廷洲完成，第十一章主要由彭泳斌完成。第四部分第十二章主要由李廷洲、李新翠完成,第十三章主要由彭泳斌完成。李廷洲是本研究的负责人,统筹研究的开展和报告的撰写。

本报告是对 2021—2022 年我国教师队伍建设改革发展的一个阶段性总结,也是从理论和政策上回应教师编制制度改革问题的一个尝试,希望能给读者带来些许启发,不当之处也恳请批评、指正。

2023 年 12 月 15 日

# 目录

## 第三部分　教师编制研究专题报告

## 第四部分　典型案例报告

# 第一部分

# 教师队伍建设年度进展报告

2021年是"十四五"的开局之年，是"教育高质量发展"架梁立柱的关键之年，党和政府作出系列决策部署，推出系列改革举措，在新的历史起点上推动教师队伍建设提质增效。国家和各地区、各部门、各级各类学校采取有力措施，教师队伍建设取得重要进展。

　　与此同时，围绕教师队伍建设的关键议题，学术界展开了丰富且深入的研究，推动了教师队伍建设领域的理论，也为宏观决策和学校实践提供了重要支撑。

# 第一章 教师队伍建设事业发展

## 第一节 学前教育

党的十八大报告提出"办好学前教育"以来,国家连续 10 年实施学前教育行动计划,为学龄前儿童享受更加充裕、普惠、优质的学前教育提供了根本政策性保障,满足了人民群众从"有园上"到"园好上"再到"上好园"的教育期待。截至 2021 年底,全国普惠性幼儿园达到24.5 万所,占幼儿园总量的 83%。普惠性幼儿园在园幼儿 4 218.20 万人,普惠性幼儿园覆盖率达到 87.78%,有效保障了大多数幼儿享受普惠性学前教育。学前教育毛入园率达到88.1%①,比上年提高 2.9 个百分点,学前教育实现了基本普及目标,开始迈入全面提高质量的新阶段。

近年来,学前教育规模快速扩大,教师队伍建设事业发展迅速,取得了显著成绩。截至2021 年底,全国共有幼儿园 29.48 万所,比上年增加 3 117 所,增长 1.07%,幼儿园数量从民办园为主转型为公办园过半。学前教育在园幼儿 4 805.21 万人,比上年减少 13.06 万人,下降 0.27%,出现十余年来的首次下降。学前教育教职工 564.64 万人,比上年增加 44.82 万人,增长 8.62%;专任教师达到 319.10 万人,比上年增加 27.76 万人,增长 9.53%。从师生比来看,学前教育教职工与在园幼儿比保持持续改善的态势,从 2017 年的 1∶10.97 发展到2021 年的 1∶8.51,与教育部规定的 1∶7 最低配备师生比标准的差距不断缩小,基本达到了"两教一保"的配备标准,师资短缺问题得到有效解决。从性别结构来看,2021 年,约 97.6%的女性教师承担着学前教育专任教师的工作,男教师占比为 2.4%,比上年下降 0.1 个百分点,性别结构失衡的状况进一步加剧。

从学历层次来看,学前教育专任教师以专科学历和本科学历为主。2017—2021 年,具有专科及以上学历的教师比例从 80% 不断攀升至 88%,高中及以下学历教师比例不断减少,2021 年比上年减少 6.35 万人,减少 13.83%,学历结构进一步优化,教师队伍整体素质明显提高,如图 1-1 所示。但 2021 年具有研究生学历的专任教师数量仅为

---

① 数据来自教育部发展规划司 2022 年 3 月 1 日发布的《2021 年全国教育事业统计主要结果》。

7 489人,比上年减少22.82%,学前教育对高素质人才的职业吸引力仍然相对不足。从城乡分布来看,城镇、乡村地区具有本科及以上学历的学前专任教师比例分别达到30.7%和20.9%。

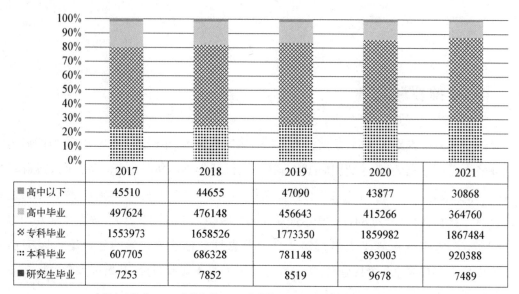

| | 2017 | 2018 | 2019 | 2020 | 2021 |
|---|---|---|---|---|---|
| ■高中以下 | 45510 | 44655 | 47090 | 43877 | 30868 |
| 高中毕业 | 497624 | 476148 | 456643 | 415266 | 364760 |
| ⊠专科毕业 | 1553973 | 1658526 | 1773350 | 1859982 | 1867484 |
| ⦂本科毕业 | 607705 | 686328 | 781148 | 893003 | 920388 |
| ■研究生毕业 | 7253 | 7852 | 8519 | 9678 | 7489 |

■研究生毕业　⦂本科毕业　⊠专科毕业　高中毕业　■高中以下

图1-1　2017—2021年不同学历学前教育专任教师数量(人)

| | 2017 | 2018 | 2019 | 2020 | 2021 |
|---|---|---|---|---|---|
| ⊟未定职级 | 2007624 | 2143594 | 2293261 | 2383247 | 2344706 |
| ■三级 | 27636 | 30549 | 119939 | 125499 | 151705 |
| ■二级 | 146776 | 167897 | 354838 | 397832 | 420977 |
| ⊠一级 | 297644 | 302657 | 254935 | 264813 | 236556 |
| ⦂高级 | 209649 | 200858 | 43312 | 49679 | 36620 |
| ■正高级 | 22736 | 27954 | 465 | 736 | 425 |

■正高级　⦂高级　⊠一级　二级　三级　⊟未定职级

图1-2　2017—2021年学前教育专任教师职称分布(人)

从职称①分布来看,2017—2021 年具有一级职称及以上的专任教师比例不断减少,二级、三级教师不断增加。2021 年,我国幼儿教师约有 73% 未评职称,已评职称中拥有二级职称的约占 13%,拥有一级职称的约占 7%,拥有三级职称的约占 5%,拥有正高级、高级职称的约占 1.16%,如图 1-2 所示。

## 第二节 义务教育

经过多年努力,我国义务教育有保障已全面实现。小学净入学率从 99.85% 提高到 99.9% 以上,初中阶段毛入学率始终保持在 100% 以上。义务教育在全面普及的基础上,10 年间实现了县域基本均衡发展,成为我国义务教育发展史上又一个新的里程碑。截至 2021 年底,全国共有义务教育阶段学校 20.72 万所,在校生 1.58 亿人,专任教师 1 057.19 万人,九年义务教育巩固率达到 95.4%。当前,我国义务教育发展已经站在新的历史起点上。

2021 年,全国普通小学教职工②共 622.20 万人,比 2020 年增加 25.57 万人,增长 4.29%。2017—2021 年间,普通小学专任教师③数量增长 65.59 万,达到 660.1 万人,增长 11.03%,比 2020 年增加 15.56 万人,增长 2.60%,生师比达到 16.33∶1。

从学历结构来看,2021 年,全国普通小学专任教师学历合格率维持在 99.98%;本科及以上学历教师占比 70.3%,比上年增长 4.3 个百分点;具有研究生学历的教师比例为 1.89%,相比 2017 年约翻了一番,见图 1-3。从性别结构来看,男女专任教师比例基本维持在 2∶5 左右,但男女教师数量差距有扩大的趋势。

从职称分布情况来看,2017—2021 年间,小学专任教师中一级、二级职称的教师数量相对稳定;高级、未定职级教师的数量及占比不断增加,高级教师比例从 3.69% 提升至 10.04%,未定职称的教师比例从 12.94% 提升至 16.66%。2021 年,具有一级及以上职称的教师占比达到 51%。

2021 年,全国初中专任教师④数量达到 397.11 万人,比上年增加 11.04 万人,增长 2.86%,

---

① 2015 年人力资源社会保障部、教育部印发《关于深化中小学教师职称制度改革的指导意见》,对职称等级和名称进行了统一,员级、助理级、中级、副高级和正高级职称(职务)名称依次为三级教师、二级教师、一级教师、高级教师和正高级教师;统一后的中小学教师职称(职务),与原中小学教师专业技术职务的对应关系是:原中学高级教师(含在小学中聘任的中学高级教师)对应高级教师;原中学一级教师和小学高级教师对应一级教师;原中学二级教师和小学一级教师对应二级教师;原中学三级教师和小学二级、三级教师对应三级教师。
② 九年一贯制学校的教职工数计入初中阶段教育,完全中学、十二年一贯制学校的教职工数计入高中阶段教育,而专任教师是按照教育层次进行归类,因而存在小学教职工数据小于专任教师数据的情况。
③ 含九年一贯制学校和十二年一贯制学校小学段专任教师。
④ 含九年一贯制学校、十二年一贯制学校和完全中学初中段专任教师。

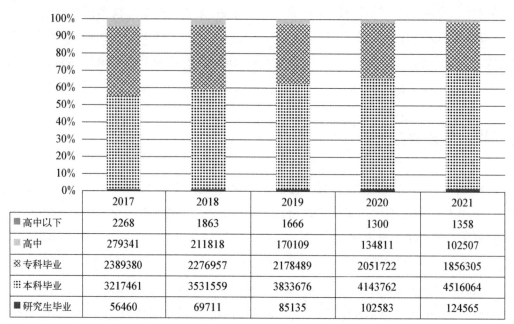

| | 2017 | 2018 | 2019 | 2020 | 2021 |
|---|---|---|---|---|---|
| ■高中以下 | 2268 | 1863 | 1666 | 1300 | 1358 |
| ■高中 | 279341 | 211818 | 170109 | 134811 | 102507 |
| ※专科毕业 | 2389380 | 2276957 | 2178489 | 2051722 | 1856305 |
| ⊞本科毕业 | 3217461 | 3531559 | 3833676 | 4143762 | 4516064 |
| ■研究生毕业 | 56460 | 69711 | 85135 | 102583 | 124565 |

■研究生毕业　⊞本科毕业　※专科毕业　高中　■高中以下

图 1-3　2017—2021 年普通小学专任教师学历分布(人)

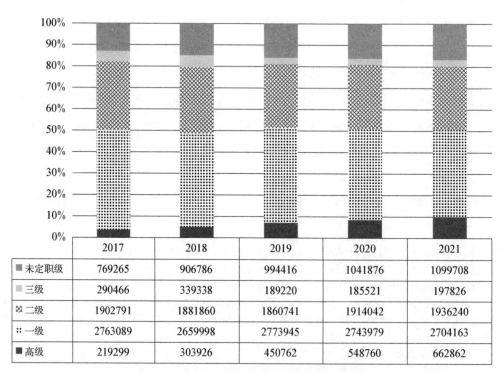

| | 2017 | 2018 | 2019 | 2020 | 2021 |
|---|---|---|---|---|---|
| ■未定职级 | 769265 | 906786 | 994416 | 1041876 | 1099708 |
| ■三级 | 290466 | 339338 | 189220 | 185521 | 197826 |
| ※二级 | 1902791 | 1881860 | 1860741 | 1914042 | 1936240 |
| ∷一级 | 2763089 | 2659998 | 2773945 | 2743979 | 2704163 |
| ■高级 | 219299 | 303926 | 450762 | 548760 | 662862 |

■高级　∷一级　※二级　三级　■未定职级

图 1-4　2017—2021 年小学专任教师职称分布(人)

生师比达到 12.64 : 1。初中专任教师中女性占比不断提高,从 2017 年的 197.51 万人,占比 55.64%,增加到 2021 年的 237.35 万人,占比 59.77%。

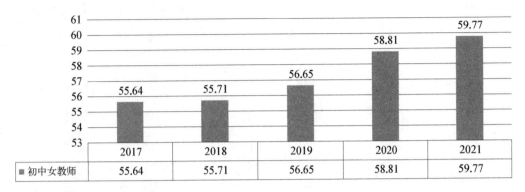

**图 1-5 2017—2021 年普通初中专任女教师比例(%)**

2021 年,初中专任教师学历合格率达到 99.91%,比上年略有提高。本科及以上学历教师达到 90.1%,比去年提高 1.5 个百分点。研究生学历的教师数量比 2020 年增加 28 339 人,占比达到 4.58%。

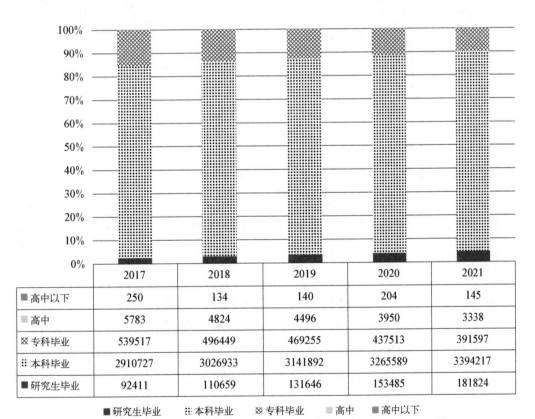

**图 1-6 2017—2021 年初中专任教师学历分布(人)**

2017—2021 年间,初中专任教师中高级职称的教师数量及占比不断提升,一级、二级职称占比分别降低了 4% 和 3%。2021 年,具有一级及以上职称的教师数量约占教师总数的 59.28%。随着近年来教师招聘数量的增长,未评定等级的教师数量也在不断增加,占比由 2017 年的 9% 上升至 2021 年的 14%。

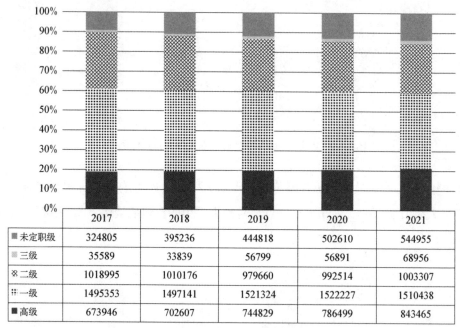

| | 2017 | 2018 | 2019 | 2020 | 2021 |
|---|---|---|---|---|---|
| ■ 未定职级 | 324805 | 395236 | 444818 | 502610 | 544955 |
| ▨ 三级 | 35589 | 33839 | 56799 | 56891 | 68956 |
| ⊠ 二级 | 1018995 | 1010176 | 979660 | 992514 | 1003307 |
| ⊞ 一级 | 1495353 | 1497141 | 1521324 | 1522227 | 1510438 |
| ■ 高级 | 673946 | 702607 | 744829 | 786499 | 843465 |

■ 高级 ⊞ 一级 ⊠ 二级 ▨ 三级 ■ 未定职级

图 1-7 2017—2021 年初中专任教师职称分布(人)

## 第三节 特殊教育

办好特殊教育,是促进社会公平的重要举措和社会文明进步的重要标志。党的十八大以来,我国组织实施了两期特殊教育提升计划,特殊教育普及水平、保障条件和教育质量均得到显著提升。

2021 年,全国共有特殊教育学校 2 288 所,比上年增加 44 所,增长 1.96%,招收各种形式的特殊教育学生 14.91 万人;在校生 91.98 万人,比上年增加 3.90 万人,增长 4.42%。随着特殊教育师资需求的不断扩大,选择从业的教师也越来越多,但由于他们面对的是身体或心智有缺陷的特殊儿童,承受着常人难以想象的磨砺与辛酸,贡献与知晓度有着极大反差,离开的也不在少数。[①]

---

[①] 中国残联.特教老师"特"在哪[EB/OL].(2022-09-13)[2023-08-09].http://canjiren.china.com.cn/2022-09/13/content_42104536.html.

2017—2021 年间,全国特殊教育专任教师由 55 979 人增加到 69 353 人,增长 23.9%。特殊教育学校师生比约为 1:13.26,相比普通学校有较大差距,面对庞大的残疾儿童数量、持续增多的特殊教育学校,特殊教育专任教师仍然相对紧缺。

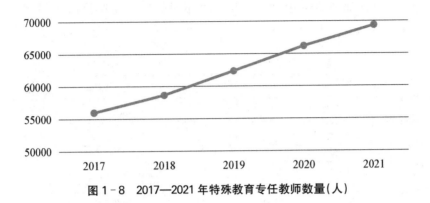

**图 1-8　2017—2021 年特殊教育专任教师数量(人)**

从性别结构来看,特殊教育专任教师中女教师居多,2021 年占比 72%,比上年下降 2.6 个百分点,也是近五年来的最低值。从学历结构来看,2017—2021 年间具有本科及以上学历的教师数量及比重不断提升,从 2017 年的 37 870 人,占比 68%,增加到 2021 年的 53 647 人,占比 77%,高中及以下教师占比不断下降,2021 年仅为 1.17%。

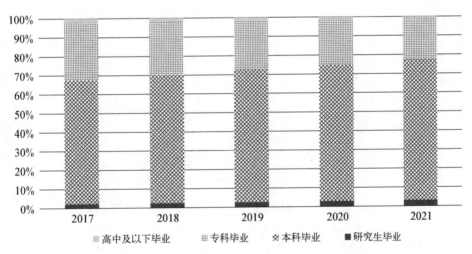

高中及以下毕业　专科毕业　本科毕业　研究生毕业

**图 1-9　2017—2021 年特殊教育专任教师学历分布(人)**

## 第四节　普通高中教育

截至 2021 年底,全国共有普通高中学校 1.46 万所,比上年增加 350 所,增长 2.46%;招生 904.95 万人,比上年增加 28.51 万人,增长 3.25%;在校学生 2 605.03 万人,比上年增加 110.58 万人,增长 4.43%。高中毛入学率为 91.4%,比上年提高 0.2 个百分点。随着高中教育规模的不断扩张,2017—2021 年间,普通高中专任教师数量迅速增加,由 177.4 万人上升至 202.8 万人,2021 年比 2020 年增加 9.5 万人,增长 4.92%。生师比由 2017 年的 13.39：1 降低到 2021 年 12.84：1。

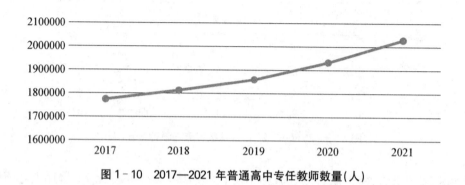

图 1‑10　2017—2021 年普通高中专任教师数量(人)

从学历分布情况来看,2021 年普通高中专任教师学历合格率达到 98.82%,比 2017 年提高 0.67 个百分点。截至 2021 年,具有研究生学历的教师达到 25.13 万人,约占教师总量的 12.39%,比上年提高了 0.89 个百分点,相比 2017 年增加了 9.27 万人,增长 58.48%。

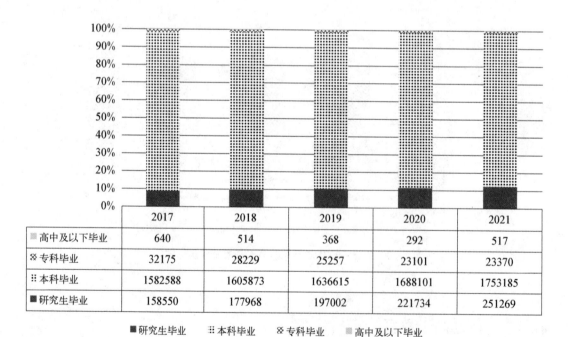

| | 2017 | 2018 | 2019 | 2020 | 2021 |
|---|---|---|---|---|---|
| 高中及以下毕业 | 640 | 514 | 368 | 292 | 517 |
| 专科毕业 | 32175 | 28229 | 25257 | 23101 | 23370 |
| 本科毕业 | 1582588 | 1605873 | 1636615 | 1688101 | 1753185 |
| 研究生毕业 | 158550 | 177968 | 197002 | 221734 | 251269 |

■研究生毕业　▦本科毕业　⊗专科毕业　▨高中及以下毕业

图 1‑11　2017—2021 年普通高中专任教师学历分布(人)

从职称结构来看,2017—2021 年间,具有一级及以上职称的专任教师数量不断增加,由 113.67 万人提高到 126.62 万人,人数增加了 12.95 万人,增长 11.39%。2021 年,具有一级及以上职称的教师约占总数的 62.43%,相比 2017 年的 64.08%,降低了 1.65%。

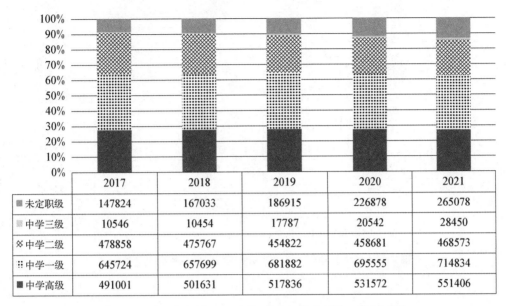

| | 2017 | 2018 | 2019 | 2020 | 2021 |
|---|---|---|---|---|---|
| ■ 未定职级 | 147824 | 167033 | 186915 | 226878 | 265078 |
| 中学三级 | 10546 | 10454 | 17787 | 20542 | 28450 |
| ⊠ 中学二级 | 478858 | 475767 | 454822 | 458681 | 468573 |
| ⊞ 中学一级 | 645724 | 657699 | 681882 | 695555 | 714834 |
| ■ 中学高级 | 491001 | 501631 | 517836 | 531572 | 551406 |

■ 中学高级　⊞ 中学一级　⊠ 中学二级　中学三级　■ 未定职级

图 1-12　2017—2021 年普通高中专任教师职称分布(人)

## 第五节　职业教育

2021 年,全国中等职业学校专任教师达到 69.54 万人,比上年减少 14.38 万人,下降 17.14%,生师比达到 18.86∶1。高职(专科)院校专任教师达到 57.02 万人,比 2017 年减少 5.41 万人,下降 8.67%,生师比从 17.7∶1 上升至 19.85∶1。

从学历分布来看,2021 年中等职业教育本科及以上学历的专任教师占比 93.57%,比上年的 92.91% 略有提高。与 2017 年相比,2021 年具有硕士研究生学历的教师增长 20.52%,高中以下学历教师减少了 17.31%,长期以来职业学校专任教师学历偏低的情况得到了有效解决。

从性别结构来看,2017—2021 年间,我国职业教育专任教师男女比例大致保持均衡。其中,高职院校专任女教师比例为 57.37%,比上年增加了 0.89 个百分点。从职称分布来看,2021 年的高等职业教育拥有高级职称的教师达到 16.95 万人,比 2017 年增长了 16.88%。

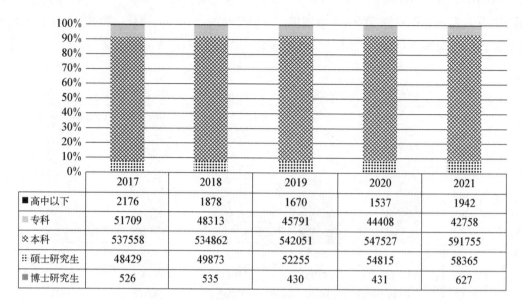

| | 2017 | 2018 | 2019 | 2020 | 2021 |
|---|---|---|---|---|---|
| ■高中以下 | 2176 | 1878 | 1670 | 1537 | 1942 |
| ▨专科 | 51709 | 48313 | 45791 | 44408 | 42758 |
| ⊗本科 | 537558 | 534862 | 542051 | 547527 | 591755 |
| ⊞硕士研究生 | 48429 | 49873 | 52255 | 54815 | 58365 |
| ■博士研究生 | 526 | 535 | 430 | 431 | 627 |

■博士研究生　⊞硕士研究生　⊗本科　▨专科　■高中以下

图 1-13　2017—2021 年中等职业学校专任教师学历分布(人)

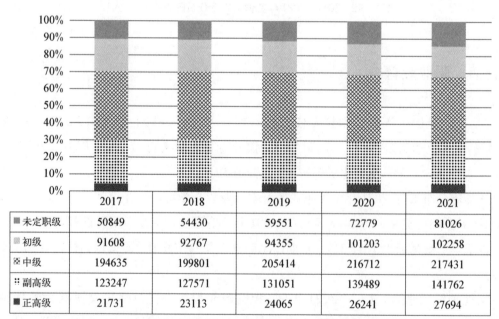

| | 2017 | 2018 | 2019 | 2020 | 2021 |
|---|---|---|---|---|---|
| ■未定职级 | 50849 | 54430 | 59551 | 72779 | 81026 |
| ▨初级 | 91608 | 92767 | 94355 | 101203 | 102258 |
| ⊗中级 | 194635 | 199801 | 205414 | 216712 | 217431 |
| ⊞副高级 | 123247 | 127571 | 131051 | 139489 | 141762 |
| ■正高级 | 21731 | 23113 | 24065 | 26241 | 27694 |

■正高级　⊞副高级　⊗中级　▨初级　■未定职级

图 1-14　2017—2021 年高等职业学校专任教师职称分布(人)

## 第六节 普通高等教育

2021年,全国普通高等学校专任教师188.52万人,比上年增加5.22万人,增长2.85%;比2017年增加25.2万人,增长15.43%。从性别结构来看,2017—2021年普通高等学校专任教师男女比例变化不大,女性教师占比基本上维持在49%—52%之间,2021年为51.33%。

从学历结构来看,2021年普通高等教育专任教师队伍中具有研究生学历的教师数量显著增加,比重达到67.10%,相较于2017年,2021年具有博士研究生学历的教师增长36.18%,具有硕士研究生学历的教师增长21.24%;本科及以下学历的专任教师数量不断下降,本科比重由2017年的38.03%下降至2021年的32.28%,专科及以下比重由2017年的1.09%下降至2021年的0.63%,普通高等教育教师队伍学历层次提升较为明显。

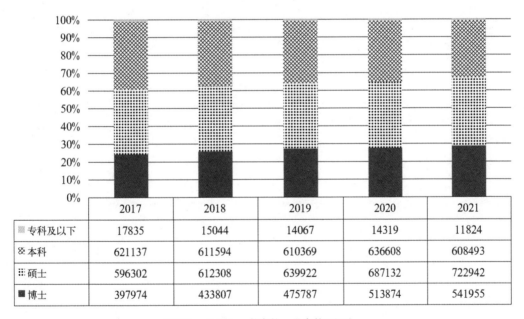

| | 2017 | 2018 | 2019 | 2020 | 2021 |
|---|---|---|---|---|---|
| 专科及以下 | 17835 | 15044 | 14067 | 14319 | 11824 |
| 本科 | 621137 | 611594 | 610369 | 636608 | 608493 |
| 硕士 | 596302 | 612308 | 639922 | 687132 | 722942 |
| 博士 | 397974 | 433807 | 475787 | 513874 | 541955 |

■博士 ⁑硕士 ※本科 ▩专科及以下

**图1-15 2017—2021年普通高等教育专任教师学历分布(人)**

从职称结构来看,2017—2021年普通高等教育专任教师队伍中具有中级及以上职称的教师数量均有所增加,其中具有正高级职称的教师由2017年的20.89万人增加到2021年的24.52万人,增加3.63万人,增长17.38%。2021年副高级、中级教师比重分别达到29.82%和37.86%,相比2017年的30.01%和39.44%均有所降低。

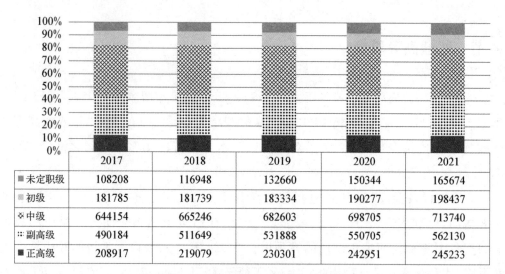

| | 2017 | 2018 | 2019 | 2020 | 2021 |
|---|---|---|---|---|---|
| ■未定职级 | 108208 | 116948 | 132660 | 150344 | 165674 |
| ▨初级 | 181785 | 181739 | 183334 | 190277 | 198437 |
| ▩中级 | 644154 | 665246 | 682603 | 698705 | 713740 |
| ▦副高级 | 490184 | 511649 | 531888 | 550705 | 562130 |
| ■正高级 | 208917 | 219079 | 230301 | 242951 | 245233 |

■正高级  ▦副高级  ▩中级  ▨初级  ■未定职级

图1‒16 2017—2021年高等教育专任教师职称分布(人)

# 第二章 教师队伍建设年度大事记和学术议题

## 第一节 教师队伍建设年度大事记

教师是教育工作的中坚力量。有高质量的教师,才有高质量的教育。[①] 2021 年是"十四五"规划的开局之年,是开启全面建设社会主义现代化国家新征程的关键之年,是向第二个百年奋斗目标进军的第一年。以《中共中央国务院关于全面深化新时代教师队伍建设改革的意见》为顶层设计,国家层面出台系列政策文件(详见表 2-1),在师德师风、职业能力标准、素养提升、定向培养等方面持续着力,以高质量发展为主线,不断深化教师队伍建设改革,切实保障教师地位待遇,加快构建教师队伍建设新格局,以优异成绩迎接中国共产党建党 100 周年,为"十四五"时期建设高质量教育体系提供高质量的教师队伍支撑。

表 2-1 2021 年国家层面关于教师队伍建设的主要政策文件

| 序号 | 文 件 名 | 发文主体 | 文 号 | 发布时间 |
|---|---|---|---|---|
| 1 | 《关于加强新时代高校教师队伍建设改革的指导意见》 | 教育部等六部门 | 教师〔2020〕10 号 | 2020-12-24[②] |
| 2 | 《关于深化高等学校教师职称制度改革的指导意见》 | 人力资源社会保障部、教育部 | 人社部发〔2020〕100 号 | 2020-12-30[③] |
| 3 | 《中学教育专业师范生教师职业能力标准(试行)》 | 教育部办公厅 | 教师厅〔2021〕2 号 | 2021-04-02 |
| 4 | 《小学教育专业师范生教师职业能力标准(试行)》 | 教育部办公厅 | 教师厅〔2021〕2 号 | 2021-04-02 |
| 5 | 《学前教育专业师范生教师职业能力标准(试行)》 | 教育部办公厅 | 教师厅〔2021〕2 号 | 2021-04-02 |

---

① 新华社.习近平看望参加政协会议的医药卫生界教育界委员[EB/OL].(2021-03-06)[2022-10-19].http://www.gov.cn/xinwen/2021-03/06/content_5591047.htm.

② 该政策文件的发布时间为 2020 年,公开时间为 2021 年。

③ 同上。

| 序号 | 文 件 名 | 发文主体 | 文 号 | 发布时间 |
|---|---|---|---|---|
| 6 | 《中等职业教育专业师范生教师职业能力标准(试行)》 | 教育部办公厅 | 教师厅〔2021〕2号 | 2021-04-02 |
| 7 | 《特殊教育专业师范生教师职业能力标准(试行)》 | 教育部办公厅 | 教师厅〔2021〕2号 | 2021-04-02 |
| 8 | 《关于开展第二批"全国高校黄大年式教师团队"创建活动的通知》 | 教育部 | 教师函〔2021〕2号 | 2021-04-08 |
| 9 | 《关于在教育系统开展师德专题教育的通知》 | 教育部 | 教师函〔2021〕3号 | 2021-04-29 |
| 10 | 《关于开展中小学有偿补课和教师违规收受礼品礼金问题专项整治工作的通知》 | 教育部办公厅 | 教师厅函〔2021〕17号 | 2021-07-14 |
| 11 | 《中西部欠发达地区优秀教师定向培养计划》 | 教育部等九部门 | 教师〔2021〕4号 | 2021-07-26 |
| 12 | 《关于实施第二批人工智能助推教师队伍建设行动试点工作的通知》 | 教育部 | 教师函〔2021〕13号 | 2021-09-07 |
| 13 | 《关于实施职业院校教师素质提高计划(2021—2025年)的通知》 | 教育部、财政部 | 教师函〔2021〕6号 | 2021-09-08 |
| 14 | 《校外培训机构从业人员管理办法(试行)》 | 教育部办公厅、人力资源社会保障部办公厅 | 教监管厅函〔2021〕9号 | 2021-09-09 |
| 15 | 《关于学习贯彻习近平总书记给全国高校黄大年式教师团队代表重要回信精神的通知》 | 教育部 | 教师〔2021〕6号 | 2021-09-12 |
| 16 | 《关于完善高校教师思想政治和师德师风建设工作体制机制的指导意见》 | 中共教育部党组 | 教党〔2021〕79号 | 2021-12-07 |

## 一、 实现教师队伍从基本支撑向高质量支撑转型

2021年1月27日,教育部召开2021年首场新闻发布会,发布了《关于加强新时代高校教师队伍建设改革的指导意见》和《关于深化高等学校教师职称制度改革的指导意见》。会议首先关注的就是教师队伍建设话题,强调"十四五"时期将持续破除教师发展深层次体

制机制障碍,实现教师队伍从基本支撑向高质量支撑的转型。① 其中,《关于加强新时代高校教师队伍建设改革的指导意见》是党的十八大以来第一个全面系统部署高校教师队伍建设的文件,把高校教师思想政治素质和师德师风建设作为首要任务,把推进高校人事制度改革作为突破口,把细化落实教师评价改革作为关键路径,把提升高校教师教书育人能力作为基本要求。②

发布会上,中国教育科学研究院第三方评估报告显示,自 2018 年《中共中央国务院关于全面深化新时代教师队伍建设改革的意见》颁布以来,新时代教师队伍建设改革成效显著,主要表现在党对教师队伍建设的全面领导得到加强,全员全方位全过程师德养成有效夯实,教师教育综合改革纵深推进,教师队伍建设的治理生态更加优化,教育经费优先倾斜、优化结构目标基本实现,教师职业吸引力明显增强等几个方面。但教师队伍建设仍存在一些短板和不足,如师德师风建设仍需要加强,个别地方教师行为失范问题时有发生;教师队伍建设难以满足事业发展需要,中小学教师数量仍显不足;教师管理体制机制仍需创新,各级各类学校教师编制、交流轮岗、职称评审、校长职级制改革等均有待进一步完善,教师实际获得感尚需加强。③

## 二、 明确师范生教师职业四大能力

2021 年 4 月 2 日,为从源头上提升教师队伍教书育人的能力水平,教育部印发《中学教育专业师范生教师职业能力标准(试行)》《小学教育专业师范生教师职业能力标准(试行)》《学前教育专业师范生教师职业能力标准(试行)》《中等职业教育专业师范生教师职业能力标准(试行)》《特殊教育专业师范生教师职业能力标准(试行)》五个文件(以下简称《能力标准》),明确要求建立师范生教育教学能力考核制度。每个文件都提出了四大能力——师德践行能力、教学实践能力、综合育人能力和自主发展能力——的要求。④

《能力标准》着眼于新时代教师培养目标,围绕"四有"好老师培养,突出师德师风第一标准,强调与加快推进教育现代化相匹配的教书育人能力素质提升;作为《教育类研究生和公费师范生免试认定中小学教师资格改革实施方案》(教师函〔2020〕5 号)实施的重要组成部分,按照中学、小学、幼儿园、职业教育、特殊教育五类师范生教育教学基本能力进行分类指

---

① 梁丹,董鲁皖龙.实现教师队伍向高质量支撑转型[N].中国教育报,2021-01-28(01).

② 教育部.谋划改革路径 出台系列文件 驰而不息推动新时代教师队伍建设取得新成效[EB/OL].(2021-01-27)[2022-10-19].http://www.moe.gov.cn/fbh/live/2021/52874/sfcl/202101/t20210127_511231.html.

③ 教育部.《关于全面深化新时代教师队伍建设改革的意见》落实第三方评估情况[EB/OL].(2021-01-27)[2022-10-19].http://www.moe.gov.cn/fbh/live/2021/52874/sfcl/202101/t20210127_511228.html.

④ 高毅哲.师范生教师职业能力有了标准[N].中国教育报,2021-05-07(01).

导,突出专业特色;对标师范类专业认证标准的"毕业要求",强调"一践行,三学会",将中小学教师资格考试标准、大纲以及中小幼职特教师专业标准(试行)相关要求融入日常教学、学业考试和相关培训中,以指导各校加强师范类专业建设和人才培养质量,建立师范生教育教学能力考核制度,提升师范生教育教学能力水平。[①]

## 三、 继续创建全国高校黄大年式教师团队

2017 年首批"全国高校黄大年式教师团队"创建以来,充分发挥示范引领作用,为培养造就高素质专业化创新型高校教师队伍,推动高等教育内涵式发展发挥了重要作用。2021 年 4 月 8 日,为继续深入贯彻落实习近平总书记对黄大年同志先进事迹重要指示精神,贯彻落实党中央、国务院关于加强教师队伍建设的决策部署,教育部决定开展第二批"全国高校黄大年式教师团队"创建活动。组织引导广大高校教师和科研工作者以黄大年同志为榜样,从本职岗位做起,为实现"两个一百年"奋斗目标、实现中华民族伟大复兴贡献智慧和力量。强调把"全国高校黄大年式教师团队"的创建情况作为重大教育改革试点、重大工程项目建设中的一个重要观测指标,会同有关部门统筹加大团队建设支持力度,坚持精神奖励、典型宣传与发展支持相结合。[②]

## 四、 持续推进教师思想政治和师德师风建设

习近平总书记关于师德师风的重要论述,为新时代师德师风建设指明了前进方向,提供了根本遵循。2021 年 4 月 29 日,教育部印发《关于在教育系统开展师德专题教育的通知》,明确师德专题教育贯穿 2021 年全年并列入工作要点,突出师德要求、强"四史"教育、学师德楷模、遵师德规范、守师德底线,注重融入日常、抓在经常、系统组织、分类指导。[③]

2021 年 5 月 10 日,教育部召开教师思想政治和师德师风建设经验交流暨师德专题教育启动部署会,系统总结教师思想政治和师德师风建设工作成效经验。会议强调,教师思想政治和师德师风建设工作是凝心铸魂、立德树人的基础性工程,要把师德师风建设摆在首要位置;把牢正确方向,狠抓教师队伍政治建设;聚焦重点人群,加强青年教师思想引领;坚持德

---

① 教育部.印发师范生教师职业能力标准 服务免试认定中小学教师资格改革[EB/OL].(2021－05－06)[2022－10－19].http://www.moe.gov.cn/jyb_xwfb/s271/202105/t20210506_529958.html.

② 教育部.教育部关于开展第二批"全国高校黄大年式教师团队"创建活动的通知[EB/OL].(2021－04－08)[2022－10－19].http://www.moe.gov.cn/srcsite/A10/s7002/202104/t20210416_526745.html.

③ 教育部.引导教师坚定理想信念 涵养高尚师德[EB/OL].(2021－05－10)[2022－10－19].http://www.moe.gov.cn/jyb_xwfb/gzdt_gzdt/s5987/202105/t20210510_530582.html.

法并举,健全落细落实体制机制;强化正面引领,增强教师荣誉感使命感。[①]

2021 年 9 月 8 日,教育部对做好第 37 个教师节宣传庆祝工作作出部署,提出要深入开展教师"四史"学习教育和师德专题教育。以学习贯彻习近平总书记"七一"重要讲话精神为载体,组织广大教师结合培训教研、课堂教学、主题班会等,开展"讲述党史故事"主题活动。[②]

2021 年 11 月 10 日,教育部召开师德专题教育总结交流暨师德师风建设重点工作落实推进会。会议指出,将 2021 年确定为"高校教师思想政治工作强化年";强调教师思想政治引领不足、师德失范行为时有发生等问题依然存在,下一步要继续巩固师德专题教育成效,持续深化拓展教育成果,及时转化运用到教师队伍建设和教育高质量发展中。[③]

2021 年 12 月 7 日,为深入落实《中共中央国务院关于加强和改进新形势下高校思想政治工作的意见》的要求,中共教育部党组印发《关于完善高校教师思想政治和师德师风建设工作体制机制的指导意见》,进一步加强党对高校教师工作的领导,建立健全学校党委、院(系)党组织、教师党支部三级联动的教师工作机制,以正确的政治方向和价值导向引领教师思想政治素质、师德素养和业务能力全面提升,建立专兼职结合的教师思想政治工作队伍,与教师职业行为十项准则共同构建起多层面、多环节、多主体参与的新时代教师思想政治工作和师德师风建设的制度体系。[④]

## 五、 整治中小学教师有偿补课和违规收受礼品礼金问题

2021 年 7 月 14 日,为全面贯彻党中央、国务院对师德师风建设的部署要求和中央领导同志重要指示批示精神,深化落实《新时代中小学教师职业行为十项准则》《严禁中小学校和在职中小学教师有偿补课的规定》《严禁教师违规收受学生及家长礼品礼金等行为的规定》等相关规定,教育部决定自 2021 年 7 月至 2022 年 3 月,面向全国中小学校和教师开展有偿补课和违规收受礼品礼金问题专项整治工作。通过对照自查、检查抽查、开展师德专题教育等措施,持之以恒抓好师生群众反映强烈、影响恶劣的突出问题整治;梳理查处问题典型案例,建立典型案例库;结合违反教师职业行为十项准则典型案例和各地各校查处的相关案

① 高毅哲.全面推进教师思想政治和师德师风建设 加快构建高质量教师队伍建设新格局[N].中国教育报,2021 - 05 - 11(01).
② 教育部.1 792.97 万教师:2021 年教师节主题确定 重点开展十项活动[EB/OL].(2021 - 09 - 08)[2022 - 10 - 19]. http://www.moe.gov.cn/fbh/live/2021/53730/mtbd/202109/t20210908_560759.html.
③ 教育部.师德专题教育总结交流暨师德师风建设重点工作落实推进会召开[EB/OL].(2021 - 11 - 12)[2022 - 10 - 19].http://www.moe.gov.cn/jyb_xwfb/gzdt_gzdt/moe_1485/202111/t20211112_579307.html.
④ 教育部.教育部党组印发指导意见完善高校教师思想政治和师德师风建设工作体制机制[EB/OL].(2021 - 12 - 31)[2022 - 10 - 19].http://www.moe.gov.cn/jyb_xwfb/gzdt_gzdt/s5987/202112/t20211231_591670.html.

例,开展警示教育;对教师"课上不讲课下讲""组织开办校外培训班""同家长搞利益交换"等行为采取"零容忍"态度,落实主体责任、强化宣传教育、严格教师管理,对查实的问题依法依规严肃处理,以此进一步规范中小学教师职业行为,营造风清气正的育人环境,促进中小学生健康全面发展。①

## 六、 加强中西部欠发达地区教师定向培养

2021年3月6日,习近平总书记看望参加全国政协十三届四次会议的医药卫生界、教育界委员时指出,要加强中西部欠发达地区教师定向培养和精准培训,深入实施乡村教师支持计划,为破解中西部欠发达地区基本教育公共服务短缺问题指明了方向。②

7月26日,为贯彻落实习近平总书记关于教师队伍建设的重要讲话精神,落实《中华人民共和国国民经济和社会发展第十四个五年规划和2035年远景目标纲要》有关要求,推动巩固拓展教育脱贫攻坚成果同乡村振兴有效衔接,教育部等九部门印发《中西部欠发达地区优秀教师定向培养计划》(以下简称《优师计划》),依托教育部直属师范大学与地方师范院校,采取定向方式,从2021年起,每年为832个脱贫县(原集中连片特困地区县、国家扶贫开发工作重点县)和中西部陆地边境县(统称定向县)中小学校培养1万名左右本科层次师范生;指导优师计划培养院校围绕"四有"好老师培养目标,切实做好各项培养工作,在保障学生履约就业的编制、岗位等基础上,争取更多支持、创造更优环境,并严格履约管理,落实优师计划师范生免试认定中小学教师资格证政策,确保优师计划师范生下得去、留得住、教得好、得发展。《优师计划》给出了"欠发达地区优秀教师培养"的中国方案,将从源头上改善中西部欠发达地区中小学教师队伍的质量,培养造就大批优秀教师,成为推动基础教育优质均衡发展的重要内容。③

此外,为深入落实《关于加强新时代乡村教师队伍建设的意见》,进一步加大欠发达地区教师定向培养和精准培训力度,引导人才向基层一线流动,教育部在2021年工作要点中还强调,要大力加强艰苦边远地区教师队伍建设,启动国家级优秀农村教师定向培养工作,推动实施地方师范生公费教育;实施乡村优秀青年教师培养奖励计划;继续实施"特岗计划"和集中连片特困地区乡村教师生活补助政策;选派援藏援疆支教教师;深入实施银龄讲学计划;

① 教育部.教育部办公厅关于开展中小学有偿补课和教师违规收受礼品礼金问题专项整治工作的通知[EB/OL].(2021-07-14)[2022-10-19].http://www.moe.gov.cn/srcsite/A10/s7002/202107/t20210728_547428.html.
② 新华社.习近平看望参加政协会议的医药卫生界教育界委员[EB/OL].(2021-03-06)[2022-10-19].http://www.gov.cn/xinwen/2021-03/06/content_5591047.htm.
③ 教育部.坚守教育初心,努力培养扎根中西部欠发达地区的"大先生"[EB/OL].(2021-08-03)[2022-10-19].http://www.moe.gov.cn/jyb_xwfb/moe_2082/2021/2021_zl51/202108/t20210803_548640.html.

继续推进高校银龄教师支援西部计划;启动实施新一轮边远贫困地区、边疆民族地区和革命老区人才计划教师专项计划。①

## 七、 扩大实施人工智能助推教师队伍建设试点

2021年9月7日,为贯彻落实《中共中央国务院关于全面深化新时代教师队伍建设改革的意见》,推进人工智能等新技术与教师队伍建设深度融合,推动教师主动适应信息化、人工智能等新技术变革,积极有效开展教育教学,教育部在总结第一批试点工作经验的基础上,决定在100个单位启动实施第二批人工智能助推教师队伍建设试点工作。第二批试点将人工智能支持教师教育教学创新、教师教育改革、教师管理评价改革、乡村学校与薄弱学校教师发展作为重点,针对地市区县、师范院校、非师范院校分别确定了不同的工作重点,形成新技术助推教师队伍建设的新路径和新模式,支撑教育强国战略与教育现代化。②

## 八、 习近平总书记给全国高校黄大年式教师团队代表回信

2021年9月8日,在第37个教师节来临之际,习近平总书记专门给全国高校黄大年式教师团队代表回信,高度肯定了他们立足本职岗位,凝聚团队力量,在教书育人、科研创新等方面取得的可喜成绩;向全国广大教师致以节日祝贺和诚挚祝福,寄予殷切期望,强调好老师要做到学为人师、行为世范,真正把为学、为事、为人统一起来,当好学生成长的引路人。③

2021年9月12日,教育部发布《关于学习贯彻习近平总书记给全国高校黄大年式教师团队代表重要回信精神的通知》,要求各地各校深入学习贯彻习近平总书记重要回信精神,深刻领会其内涵意义,把广大教师的思想和行动统一到回信精神上来,坚持近期、中期和远期相结合,将回信精神和要求转化为推动教育高质量发展、建设教育强国的强大动力和务实举措,切实推动回信精神落地见效。

习近平总书记重要回信饱含着对全国高校黄大年式教师团队以及广大教师的关怀与重视,对全国教育战线的鼓励与鞭策,深刻阐释了教师工作的极端重要性,为广大教育工作者

---

① 教育部.教育部2021年工作要点[EB/OL].(2021-02-04)[2022-10-19].http://www.moe.gov.cn/jyb_xwfb/gzdt_gzdt/202102/t20210203_512419.html.

② 教育部.教育部关于实施第二批人工智能助推教师队伍建设行动试点工作的通知[EB/OL].(2021-09-07)[2022-10-19].http://www.moe.gov.cn/srcsite/A10/s7034/202109/t20210915_563278.html.

③ 新华社.习近平给全国高校黄大年式教师团队代表的回信[EB/OL].(2021-09-09)[2022-10-19].http://www.gov.cn/xinwen/2021-09/09/content_5636408.htm.

把黄大年同志等优秀教师的高尚精神内化于心、外化于行指明了方向,为建设高素质专业化创新型教师队伍,推动教育高质量发展、建设教育强国提供了根本遵循。①

## 九、 实施职业院校教师素质提高计划

自 2006 年以来,教育部、财政部已联合实施了三轮"职业院校教师素质提高计划",极大提升了职业院校教师的教育教学能力。② 2021 年 9 月 8 日,为深入贯彻习近平总书记关于职业教育的重要论述和全国职业教育大会精神,落实《国家职业教育改革实施方案》,加强职业院校高素质"双师型"教师队伍建设,促进职业教育高质量发展,教育部、财政部决定联合印发《关于实施职业院校教师素质提高计划(2021—2025 年)的通知》(以下简称《计划》),全面安排和部署"十四五"时期职业院校教师培训工作。《计划》要求,聚焦职业教育改革的核心任务,突出"双师型"教师个体成长和教学团队建设相结合,推进校企共建"双师型"教师培养培训基地,把"三教改革"、1+X 证书制度、教师企业实践等作为重点内容。《计划》强调,在培训内容上,将思想政治和师德师风纳入教师培训必修内容,全面提升教师信息化教学能力;在培训体系上,科学设计培训方案,完善政府、行业企业、学校、社会等多方参与的培训机制,明确国家、省、市、县、校级培训重点;在教师发展支持体系上,打造高水平教师培训机构,鼓励校企共建教师发展中心,推进培训资源共建共享;在监督考核评价上,定期组织开展质量监测、视导调研和跟踪问效,健全考核评价机制,加强实施过程及成效的绩效考核,为构建现代职业教育体系,"培养更多高素质技术技能人才、能工巧匠、大国工匠"提供有力师资保障。③

## 十、 广泛开展优秀教师表彰活动

2021 年 4 月 12 日,教育部发布《关于开展 2021 年教师风采短视频征集活动的启事》,教育部教师工作司联合中国教育电视台、中国教师发展基金会、中国教育发展基金会,面向全国各地教育部门、各级各类学校和社会各界,广泛征集展现新时代优秀教师群体和个人风采的短视频。

---

① 教育部.教育部印发通知学习贯彻习近平总书记给全国高校黄大年式教师团队代表重要回信精神[EB/OL].(2021 - 09 - 13)[2022 - 10 - 19].http://www.moe.gov.cn/jyb_xwfb/gzdt_gzdt/s5987/202109/t20210913_562597.html.
② 曹晔.构建职教教师培训新格局——"职业院校教师素质提高计划"透视[N].中国教育报,2021 - 11 - 09(05).
③ 教育部.启动"十四五"职业院校教师素质提高计划 为职业教育提质培优和类型发展提供坚强人才保障[EB/OL].(2021 - 09 - 08)[2022 - 10 - 19].http://www.moe.gov.cn/jyb_xwfb/s271/202109/t20210908_560538.html.

2021年9月8日,教育部召开第六场2021教育金秋系列新闻发布会,指出第三十七个教师节重点开展十项活动,其中四项活动旨在深入宣传优秀教师典型,评选表彰各级各类优秀教师,加大典型选树和事迹宣传。

一是首批教育世家学习宣传活动。在中宣部支持下,教育部联合中国教科文卫体工会,推选出100个首批教育世家,也就是全国教师家庭中的优秀代表。①

二是第12届全国教书育人楷模推选活动。在各省推选的基础上,通过中央媒体展示楷模教师爱岗敬业、无私奉献的先进事迹,中宣部宣传教育局发布2021年全国教书育人楷模名单。这10位全国教书育人楷模,既有高校勇攀科研高峰的领军拔尖人才,也有在乡村默默奉献的一线教师,他们是:河北省石家庄外国语学校教师李红霞,辽宁省本溪市本溪满族自治县第五中学教师张万波,黑龙江省牡丹江市职业教育中心学校教师王丹凤,浙江省台州市玉环市坎门海都小学教师叶海辉,东华理工大学教授周义朋,河南省新乡市辉县市西平罗乡中心幼儿园园长、教师郭文艳,重庆市特殊教育中心校长、教师李龙梅,贵州护理职业技术学院教师李红波,西藏自治区日喀则市萨嘎县昌果乡完全小学校长、教师强巴次仁和西安电子科技大学教授郝跃。②

三是第11届最美教师遴选活动。2021年9月10日,中宣部、教育部向全社会公开发布2021年"最美教师"先进事迹。肖向荣、万步炎、林占熺、万荣春、赖勋忠、陈明青、张莎莎、马建国、次仁拉姆、王隽枫等个人和滇西支教团队,都是来自教育一线的教师和群体,他们的师德表现和教书育人成绩突出、事迹感人,具有广泛的代表性和示范性,充分展示了教师队伍有理想信念、有道德情操、有扎实学识、有仁爱之心的良好精神风貌。发布仪式在中央广播电视总台举行,现场播放了"最美教师"先进事迹的视频短片,从不同侧面采访讲述了他们的工作生活感悟。③

四是感念师恩尊师重教视频展播活动。教育部联合中宣部开展教师节主题"感人瞬间"微视频展播,展现卫兴华、高铭暄等人民教育家,曲建武、张玉滚、卢永根、钟扬、陈立群等时代楷模,以及其他"四有好老师"典型事迹的感人瞬间。在教师节期间,通过新闻媒体、户外媒介、交通工具进行推广。④教育部公布了2021年新时代教师风采短视频征集活动评选结果,包括《信仰的力量——北大老院士与党同心,携手同行》《"钢铁院士"崔崑:党性在时代熔

① 欧媚,高众.十项活动庆祝今年教师节[N].中国教育报,2021-09-09(01).
② 教育部.2021年全国教书育人楷模名单公布[EB/OL].(2021-09-08)[2022-10-19].http://www.moe.gov.cn/jyb_xwfb/gzdt_gzdt/s5987/202109/t20210908_560699.html.
③ 教育部.中央宣传部、教育部发布2021年"最美教师"先进事迹[EB/OL].(2021-09-11)[2022-10-19].http://www.moe.gov.cn/jyb_xwfb/xw_zt/moe_357/2021/2021_zt18/yw/202109/t20210911_561943.html.
④ 教育部.2021年"全国教书育人楷模"有关情况[EB/OL].(2021-09-08)[2022-10-19].http://www.moe.gov.cn/fbh/live/2021/53730/sfcl/202109/t20210908_560530.html.

炉里淬炼成钢》等 40 部优胜作品、100 部入围作品。①

2021 年 9 月 16 日,中宣部以云发布的方式,向全社会宣传发布人民教师吴蓉瑾、王红旭的先进事迹,授予他们"时代楷模"称号。他们是一线人民教师的优秀代表,是新时代"四有"好老师的典范,用默默无闻的耕耘,传播知识、传播思想、传播真理,用甘当人梯的奉献,塑造灵魂、塑造生命、塑造新人,用舍己为人的牺牲,彰显了人民教师这一最伟大、最神圣职业的崇高价值追求。"时代楷模"发布仪式现场宣读了《中共中央宣传部关于授予吴蓉瑾、王红旭同志"时代楷模"称号的决定》,播放了反映他们先进事迹的短片。中央宣传部负责同志为吴蓉瑾同志和王红旭亲属代表颁发"时代楷模"奖章和证书。②

## 十一、 加强校外培训机构从业人员管理

2021 年 9 月 9 日,为贯彻落实中共中央办公厅、国务院办公厅印发的《关于进一步减轻义务教育阶段学生作业负担和校外培训负担的意见》精神,规范校外培训机构和从业人员培训行为,教育部、人力资源社会保障部共同制定《校外培训机构从业人员管理办法(试行)》(以下简称《办法》)。以问题为导向,《办法》明确从业人员的身份角色和队伍构成,规定从业人员是面向中小学生及 3 周岁以上学龄前儿童这一特定对象的教学教研人员、助教和带班人员等并分类管理;规定从业人员的资质和专业标准,强调从业人员应具备良好的思想品德和职业道德,应熟悉教育教学规律和学生身心发展特点,须具备相应的教师资格证书或职业(专业)能力证明,机构应开展岗前培训和定期的岗位培训。《办法》要求建立针对从业人员的监督检查制度,对触碰 11 类行为"红线"且情节严重的,经查实、审核后,纳入全国统一监管平台的"校外培训机构从业人员黑名单"进行管理。《办法》全面贯彻党的教育方针、落实立德树人根本任务,遵循让教育回归本质的规律,为校外培训机构从业人员的角色、职责和规范提供了制度依据,是落实依法治教,增进"双减"政策效果的重要举措。③

## 十二、 教师法修订指明教师队伍建设方向

随着我国教师队伍的规模、质量、结构发生变化,对标教育改革发展的需求、广大教师的

---

① 教育部.2021 年新时代教师风采短视频征集活动优胜、入围作品名单[EB/OL].(2021 - 09 - 08)[2022 - 10 - 19]. http://www.moe.gov.cn/fbh/live/2021/53730/sfcl/202109/t20210908_560509.html.

② 教育部.中共中央宣传部关于授予吴蓉瑾、王红旭同志"时代楷模"称号的决定[EB/OL].(2021 - 09 - 16)[2022 - 10 - 19].http://www.moe.gov.cn/jyb_xwfb/s6052/moe_838/202109/t20210917_563991.html.

③ 教育部.校外培训机构从业人员同样应落实好立德树人根本任务[EB/OL].(2021 - 09 - 14)[2022 - 10 - 19]. http://www.moe.gov.cn/jyb_xwfb/moe_2082/2021/2021_zl59/202109/t20210914_562909.html.

期盼,教师队伍建设工作还存在许多亟待破解的难题,教师法的多项规定已经不能适应新时代教育改革发展的要求,其修订需提上日程。2021年10月21日,教育部部长怀进鹏在向全国人大常委会会议报告教师队伍建设和教师法实施情况时介绍,教师法修订工作加快推进,已被列入十三届全国人大常委会五年立法规划,在广泛听取意见,认真研究、反复修改基础上,形成了修订草案。① 2021年11月29日,教育部发布《中华人民共和国教师法(修订草案)(征求意见稿)》公开征求意见的公告,修订幅度和力度前所未有,新的变化为教师队伍建设指明了方向。教师法修订将聚焦加强党对教师工作的领导,确保教师队伍建设政治方向正确,将党中央、国务院关于师德师风建设的要求转化为法律规范。从法源上明确教师职业定位,既增加教师教育教学自主权、教育惩戒权和对创新内容的知识产权等,也要求教师履行作为国家公职人员的责任,承担为党育人、为国育才使命,强化对未成年学生的保护救助义务。从源头上提高教师教书育人能力,建立新型教师培养体系、国家师范生公费教育制度等。从现实中提高教师职业获得感,在工资收入保障和职务制度改革等方面给予教师物质和精神上双重获得感保障,建立多劳多得、优绩优酬的工资分配制度和晋级增薪机制,明确教师职称评聘应当与岗位设置相结合,在教师考核评价中突出师德师风第一标准和立德树人导向。从制度上确保尊师重教落到实处,建立教师荣誉表彰制度,设立国家教师奖,细化教师违规情形和处理办法;提高教师准入门槛,提高各级各类教师学历要求,建立教师从业资格审核把关机制;落实为教师减负要求,保障教师潜心教书、静心育人。②

## 第二节　教师队伍建设的年度学术议题

教师是立教之本、兴教之源。教师队伍建设是教育现代化与建设教育强国的基础性工程,深刻影响着国家年轻一代的健康成长,事关中国特色社会主义建设者与接班人的培养问题。在新时代背景下,教师队伍建设迎来了新挑战与新任务,迫切需要一支素质水平高、师德师风正、服务教育公平的高素质、专业化、创新型教师队伍。相应地,2021年教师队伍建设学术议题主要聚焦在思政课、人工智能、乡村教师专业发展、教师评价改革以及教师情绪劳动等主题。

### 一、思政课教师队伍建设

优质的思政课教师队伍决定着高质量思政教育成效的实现。2019年3月,习近平总书

---

① 胡浩.教师法修订将聚焦强师德提门槛保待遇[N].中国教育报,2021-10-22(01).
② 李新翠.教师法修订指明教师队伍建设方向[N].中国教育报,2021-12-07(02).

记在主持召开学校思想政治理论课教师座谈会时指出,"思政课是落实立德树人根本任务的关键课程,思政课作用不可替代,思政课教师队伍责任重大""办好思想政治理论课关键在教师,关键在发挥教师的积极性、主动性、创造性"。① 思政课是落实立德树人根本任务的关键课程,思政课教师队伍的水平直接关系到培养社会主义事业建设者和接班人的成效。② 思政课教师队伍建设的价值逻辑在于,一是加强思政课教师队伍建设是为党育人、为国育才的需要,二是加强思政课教师队伍建设是巩固意识形态安全的需要,三是加强思政课教师队伍建设是落实立德树人根本任务的需要。③ 思政课教师队伍建设影响着我国教育事业发展方向与教育目标的最终实现,特别是在当今境外意识形态不断渗透侵蚀的情境下,显得尤为重要。

基于思政课的关键属性,学术界致力于厘清思政课教师的核心素养,使得建设思政课教师队伍能有的放矢。思政课兼具政治性和学理性,"政治性是思政课的本质属性,学理性是思政课的基础属性"。思政课的属性决定了思政课教师的教学核心能力要素,由此得出思政教师教学能力的五个核心范畴,即政治坚守力、知识活化力、跨域融合力、情感感召力和价值判断力。这五种能力是思政课教师教学能力中最核心、最根本的能力。其中,政治坚守力、价值判断力是实现思政课政治性的教师能力要求,知识活化力、跨域融合力、情感感召力是彰显思政课学理性的教师能力要求。④ 我们也可从道德引领力、教学领导力、科研驱动力、自我发展力和组织支持力五个主范畴构建高校思政教师成长模型。⑤ 习近平总书记在学校思想政治理论课教师座谈会上指明了新时代高校思政课教师"政治要强""情怀要深""思维要新""视野要广""自律要严""人格要正"的"六要"职业素养。⑥ "六要"的职业要求成为新时代高校思政课教师职业精神的核心。⑦

研究发现,当前在新形势、新任务下,思政课教师队伍建设面临一系列挑战:思政课理论素养有待进一步提升,学科归属感有待进一步加强;思政课教师职称评价有待进一步完善,相关政策保障有待进一步落实。⑧ 思政课教师队伍存在教师专业素养、教学能力、主观能动

① 李菁,杨华.筑牢思政教师政治底色的意义与方法[J].人民论坛,2021(36):92 - 94.
② 李蕉,王博伟.完善思想政治理论课教师队伍后备人才培养制度的新思考[J].思想理论教育导刊,2021(11):126 - 131.
③ 张明进.新时代高校思政课教师队伍建设的逻辑指向[J].学校党建与思想教育,2021(24):59 - 61.
④ 张姝,邓淑予.高校思政课教师教学核心能力结构模型建构[J].四川师范大学学报(社会科学版),2021,48(06):11 - 20.
⑤ 郑敬斌,吕宁.高校思想政治理论课教师成长力模型构建研究——基于首届全国高校思想政治理论课教学展示活动特等奖获得者的研究[J].思想理论教育导刊,2021(10):88 - 95.
⑥ 办好思想政治理论课关键在教师——三论学习贯彻习近平总书记在学校思政课教师座谈会上重要讲话精神[N].中国教育报,2019 - 03 - 22.
⑦ 黄蓉生,蒋朝林.立德与树人:新时代高校思政课教师职业操守的践行[J].河南师范大学学报(哲学社会科学版),2021,48(05):143 - 148.DOI:10.16366/j.cnki.1000 - 2359.2021.05.21.
⑧ 张明进.新时代高校思政课教师队伍建设的逻辑指向[J].学校党建与思想教育,2021(24):59 - 61.

性有待进一步提升等问题。新时代,高校应从提升教师综合素质、优化教师队伍结构、完善保障机制等方面入手,继续加强思政课教师队伍建设。①

研究认为,对于加强思政课教师队伍建设,提升思政课教师专业水平,可以从以下几个方面入手。一是坚持党对高校思政课教师队伍建设的统一领导。党管人才是我国政治制度优势的重要体现,为落实人才强国战略提供了根本保障,也为全面建成小康社会贡献了大量优秀人才,更是布局人才发展战略的重要途径。② 二是关注教学知识、教学技能和教学智慧的培养。不断充实思想政治教育专业知识,同时促进知识教学转向智慧传授。积极提升思政课教学的敏锐性,转变思政课教学思维方式,提升思政课智慧品性。③ 三是提升思政课教师话语能力。话语能力作为思政课教师话语表达的主体能动性的发挥是有殊异的,其赋得包括制度性话语权和个体性话语权,前者源于国家与社会所赋予的身份角色,后者则与教师的专业素养和人格魅力息息相关。教师应运用自身的话语素养和专业所长,驾驭话语符号,影响和改变学生既有的思想政治素养和道德素质。④ 四是改革和完善高校思政课教师队伍保障机制。一方面,健全思政课教师队伍考核评价机制和专业技术职务(职称)评价机制。科学合理的评价机制对思政课教师和思政课教育教学有正确的方向引领作用,对深入推进高校思政课教学评价机制和思政课教师评价机制具有积极作用,也是提升思政课教育教学效果的重点和关键。另一方面,推进高校薪酬制度改革,完善思政课教师分配激励机制,稳定教师队伍,科学有序实行人才流动,以知识价值为导向保障教师收入分配,扩大教师工资分配自主权,建立符合相应特点的薪酬制度。⑤

## 二、 智能时代的教师角色转型与专业发展

人工智能及相关技术的教育应用,引发教育教学变革,对教师的传统角色和专业发展提出挑战。智能时代,教师角色职能发生多种变化。师者正经历"祛魅"过程,教师作为先行者、薪传者和知识承载者的传统角色权威被削弱,许多传统角色职能价值正迅速流失。在人工智能时代,传统教师的一些职能将由机器承担,甚至出现人机合作的"双师课堂"。⑥

在智能教育时代,教师作为人工智能技术渗透和运用于教育领域的主体力量,是促进教

① 张涛华.新时代高校思政课教师队伍建设略论[J].学校党建与思想教育,2021(11):61-63.
② 甘艳.新时代高校思政课教师队伍建设的历程、经验与启示[J].湖北社会科学,2021(08):151-156.
③ 李娟.思政课教师教学智慧养成探究[J].学校党建与思想教育,2021(02):59-60.
④ 张军,殷艳.论新时代思政课教师话语能力的提升[J].学校党建与思想教育,2021(20):56-59.
⑤ 甘艳.新时代高校思政课教师队伍建设的历程、经验与启示[J].湖北社会科学,2021(08):151-156.
⑥ 周月玲,谢泉峰.人工智能时代教师角色的转变——基于我国教师角色传统表征体系的分析[J].教育科学研究,2021(02):87-92.

育智慧转型的智力支撑。一方面,随着人工智能技术对教育过程的介入,教师因此面临教学模式变革、师生关系转化、人机协作的共生关系出现等一系列挑战,表征着教师角色有其转变的必要性;另一方面,人工智能技术在教育领域的运用又有其限度,极易引发各类安全风险,如过度技术依赖、个人隐私侵犯、漠视教育的伦理抉择和人文情愫等,彰显着教师角色有其坚守的必然性。[1]

智能时代的教师角色在教育教学、学习服务、技术应用、主体属性层面均需要有相应的转变与发展,教师将成为知识信息、数字资源智能传播与呈现的掌舵者,教师在技术认知、创新教学、人机协同、资源整合、数据应用、伦理安全等方面的素养应得到更多关注。[2] 具体而言,在教学功能方面,教师扮演基于证据的个性化教学决策者与分析者;在辅导功能方面,教师需成为智能时代学生辅导的情感补位者;在管理功能方面,教师需成为非常规类班级及行政管理的人力保障者。[3] 不可忽视的是,人工智能时代的教师,需要发挥自己相对于机器的独特优势:道德、情感、哲学、审美、批判性思维和创造性思维等,特别是在人际互动中相较于智能系统的优势,这是教师角色职能的不变之源,是教师育人价值之根本所在。[4] 对于中小学教师来讲,智能教育素养的结构划分为知识基础层、能力聚合层、思维支撑层、文化价值深化层。其中知识基础层包括教学法知识、教育人工智能技术知识、创意知识;能力聚合层包括创意教学设计者、融合教育人工智能技术的创意教学行动者、智慧型教师引领者、创意智能学习示范者;思维支撑层包括教育思维、设计思维、计算思维和数据思维;文化价值深化层包括课堂学习文化境脉、社会文化活动境脉和教育人工智能技术文化境脉中的具体文化涵养及价值观。[5] 在教师教育阶段,"两适应三胜任"的素养培养目标被学者提出。"两适应"是指,未来教师要适应全信息时代变化和新时代教育评价改革对核心素养的要求;"三胜任"是指让他们能够胜任全教育理念下的教育实践,胜任基于真实问题的教学反思与研究,胜任终身自主学习与可持续专业发展。[6]

人工智能在教育领域的应用日益深入,一方面对教师角色和专业素养提出了新要求,另一方面也为教师专业发展和相关培训提供了技术支撑。这使得教师培训过程可以和教师日常教学实践工作有机融合,基于对教师教学数据的精准分析,针对教师的个体情况定制个性化的培训方案。AI赋能教师培训可以从智能结构诊断、教学问题诊断、互动交流分析三个方

① 冯永刚,陈颖.智慧教育时代教师角色的"变"与"不变"[J].中国电化教育,2021(04):8-15.
② 郭炯,郝建江.智能时代的教师角色定位及素养框架[J].中国电化教育,2021(06):121-127.
③ 赵磊磊,马玉菲,代蕊华.教育人工智能场域下教师角色与行动取向[J].中国远程教育,2021(07):58-66.
④ 周月玲,谢泉峰.人工智能时代教师角色的转变——基于我国教师角色传统表征体系的分析[J].教育科学研究,2021(02):87-92.
⑤ 胡小勇,徐欢云.面向K-12教师的智能教育素养框架构建[J].开放教育研究,2021,27(04):59-70.
⑥ 戴立益.人工智能助推教师教育模式变革[J].中国高等教育,2021(20):16-18.

面促进教师教学能力的提升。① 进入"智能研修"新阶段后,需要在以下方面优化教师专业发展提升路径:(1)转变教师培训与研修项目的目标、模式与策略,培养教师的核心能力;(2)为教师教育者提供理论、方法与工具支持,促进专业发展模式创新;(3)提升教师教育者的信息化教学能力与数据素养;(4)深化教师专业发展规律挖掘的基础研究,加强智能技术工具的教育内涵,强化智能技术在教师专业发展基础规律层的赋能。②

## 三、 乡村振兴背景下的乡村教师队伍建设

2020 年,我国实现了全面建成小康社会,脱贫攻坚的全面胜利,解决相对贫困和实现乡村振兴成为新的战略主题。在此背景下,乡村教师队伍建设有了新的时代内涵。乡村教育不仅承载着传播知识、营造文明乡风的功能,而且还承担着为乡村振兴提供人力支撑的重任。发展乡村教育是乡村振兴战略的重要组成部分,而乡村教师队伍建设是乡村教育发展的关键内容。2021 年 2 月,中共中央办公厅、国务院办公厅印发《关于加快推进乡村人才振兴的意见》(中办发〔2021〕9 号)再次强调要"加强乡村教师队伍建设,精准培养本土化优秀教师",高度重视本土化培养在乡村教师队伍建设中的重要作用。③ 此处的本土化培养是指培养主体、内容、方式的本土化,旨在培养与乡土社会相融洽的乡村教师。

振兴乡村教育、促进乡村高质量发展,关键在教师。城乡教师队伍建设的差距,既是城乡教育差距的重要表现,也是导致城乡教育质量差距的主要原因。④ 教师作为最重要的教育资源,城乡教师资源一体化成为义务教育资源一体化配置的重中之重。但目前,乡村地区依然存在教师岗位吸引力弱,乡村优秀骨干教师和青年教师流动流失的问题。⑤ 待遇方面的短板是乡村教师职业吸引力低的主要原因,突出体现在工资收入总体水平较低、生活住房压力较大、专业成长与职业发展受限、社会地位不够高、医养保障不足、子女教育困难等方面。⑥ 值得注意的是,付出—回报失衡、情感承诺、工作投入等主观层面因素也越来越多地受到关注。⑦

欲建设一支数量充足、结构合理、素质优良、热爱乡村、服务乡村振兴的教师队伍,使其

① 刘洋.AI 赋能教师培训:教育意蕴及实践向度[J].电化教育研究,2021,42(01):64 - 71.
② 冯晓英,郭婉瑢,黄洛颖.智能时代的教师专业发展:挑战与路径[J].中国远程教育,2021(11):1 - 8,76.
③ 彭泽平,黄媛玲.乡村振兴战略视域下乡村教师本土化培养:内涵、价值与实践路径[J].现代教育管理,2021(08):65 - 70.
④ 褚宏启.教师是振兴乡村教育的关键[J].中国教育学刊,2021(10):7.
⑤ 白亮.乡村教师激励政策优化[J].教育研究,2021,42(12):142 - 150.
⑥ 庞丽娟,杨小敏,金志峰,等.构建综合待遇保障制度 提升乡村教师职业吸引力[J].中国教育学刊,2021(04):34 - 40.
⑦ 王钰彪,侯春笑,田爱丽.工作家庭促进如何影响乡村教师的留岗意愿——情感承诺和工作投入的链式中介作用[J].基础教育,2021,18(06):28 - 39.

能够"下得去、留得住、教得好、有发展",还需从外部支持与内生动力两方面入手。在外部支持方面,优化职前教师培养体系,完善乡村教师激励政策、编制政策等。强化职前教师对(相对)贫困与教育关系的理解,培养职前教师基于乡村挖掘学生发展潜力的能力,拓展乡村教师作为乡村振兴推动者的身份。为此,要完善面向乡村教师培养的教师教育体系,着力培养优秀乡村教师。以教师教育专业建设为基础营造培养氛围;以弘扬西部红烛精神为核心塑造乡村情怀教育;以乡村理解教育为支柱打造乡村通识教育体系;以沉浸式体验为案例实验系统化乡村振兴教学项目;以乡村教育学板块为补充完善教育学课程体系;在心理学课程体系中增加乡村心理健康教育板块;强化"优师专项"师范生的领导力提升。① 在内生激励政策方面,应科学测算艰苦边远地区乡村教师的心理定价,建立精准的地区与薪酬匹配补偿政策机制;加入短时间要求激励政策设计,构建弹性化补偿激励政策机制;强化发展性政策杠杆,形成补偿性激励和发展性激励相结合的多维政策工具。② 针对当前乡村教师编制政策执行中存在统一编制无区分、失衡和招聘标准过度放宽的执行过度性偏差,落实满额编制中的学科结构、岗位类型的偏离性偏差,执行补编中的有编不补、占编挪编的不及性偏差等问题,可采取政策上的创新机制、精准定编防偏,执行上的恪尽操守、科学设编消偏,督查中的多方听取、专门评判纠防等措施解决。③

也有研究认为,解决乡村教师身份认同与其专业发展问题至关重要,教师身份认同是联接宏伟的教育使命与日常教育教学生活的核心中介因素。乡村教师,尤其是新生代乡村教师,在地方性知识教学过程中,与其以往积累的普适性知识之间难免产生文化冲突,造成自我文化身份的迷失,成了乡村社会的"局外人"。缘此,在地方性知识教学中明晰新生代乡村教师的文化身份,促进其乡村"局内人"文化身份建构,是一个值得研究的重大课题,以唤醒乡村教师内在主体层面的文化自觉,促使其对自身身份的认同。④

在乡村振兴战略背景下,为进一步提升乡村教师的身份认同,还应促进其新乡贤的角色实现。研究认为,当前,应当制定乡村教师新乡贤角色规范,强化乡村教师新乡贤角色意识,形塑乡村教师新乡贤角色形象,构建乡村教师新乡贤角色机制,重新找回乡村教师的公共身份,回归乡村教育者与乡村建设者的双重角色,使其在乡村社会、乡村治理中发挥积极的行为示范作用和价值引领功能,彰显他们之于乡村振兴的重要意义。⑤

———————————————

① 游旭群.重塑教师教育培养体系 着力打造优秀乡村教师[J].教育研究,2021,42(06):23-28.
② 白亮.乡村教师激励政策优化[J].教育研究,2021,42(12):142-150.
③ 王丽娟,唐智松.乡村教师缘何屡补屡缺——基于编制政策执行偏差的分析[J].中国教育学刊,2021(11):55-60.
④ 肖正德,谢计.新生代乡村教师之乡村"局内人"文化身份建构——基于地方性知识教学的视角[J].中国教育学刊,2021(11):87-92.
⑤ 肖正德.乡村振兴战略中乡村教师新乡贤角色的现实问题与建设策略[J].教育科学研究,2021(12):89-92,96.

乡村教师专业发展的内生动力是专业情怀、专业实践、专业能力和职业幸福相互影响、共同作用的结果。乡村教师专业发展的内生动力孕育于乡村文化生态环境中,蕴藏在乡村教育教学实践活动中,是伴随着乡村教师生涯发展而持续建构的内部力量系统。[①] 此外,乡村教师队伍内生性发展,还需重视乡村教师作为"社会之一人"的"动"性特征,在既有基础上进一步实现乡村教师制度性身份与社会性身份的有效统整,使乡村教师成为身心俱在乡村社会的专业人员,使乡村教师队伍建设具有持续发展的内生机制。[②]

## 四、 教师评价改革

由于历史传统和经济社会背景等原因,很长一段时间以来,我国教师评价标准强调具体的量化指标,在基础教育、职业教育和高等教育学校,对于教师的评价越来越重视所教学生的学业成绩、升学率,或者其科研绩效,并与其薪酬待遇挂钩。对于教师的考核、职称评聘、职务晋升、荣誉评价,均过度强调教师的学历、发表的论文、获得的"帽子"等,甚至在一些地区和学校逐渐异化为唯论文、唯"帽子"、唯学历、唯奖项、唯项目等倾向。围绕中共中央、国务院颁布的《深化新时代教育评价改革总体方案》文件中关于教师评价改革的内容,不少研究从评价理念、评价内容、评价手段和保障机制等方面进行了深入讨论。教师评价开启了从破"五唯"到立"四有"(有理想信念、有道德情操、有扎实学识、有仁爱之心[③])的标准转变之路。"四有"好老师成为教师应该具备的素养框架,是建构教师评价指标体系的基本指南,也是推动我国教师评价改革的基本遵循。[④]

教师评价理念直接影响着教师评价行为的策略选择与实施效果。新时代教师评价改革应先致力于评价理念的转变,主要表现为三个方面:一是从区分与问责教师转向激励与评赞教师,二是从管理教师转向促进教师更好地自我管理,三是从被评价的教师转向作为关键评价主体的教师。[⑤] 教学的本质是"学为中心"的育人专业实践,因此,教师评价的根本目的在于促进学生的学习与发展。教师评价要紧紧围绕"学为中心"的教学实践与专业贡献,且需要强调对教师同伴合作的评价,引导和支持教师协同育人。"学为中心"的教师评价需要运用表现性评价收集并分析相关证据,基于证据引导教师提升"教书育人"的专业实践能力。

① 姜丽娟,刘义兵.乡村教师专业发展内生动力的生成及培育[J].教育研究与实验,2021(05):79-83.
② 褰世琼,蔡其勇,赵庆来,等.教育治理现代化语境下乡村教师队伍建设的内生性发展研究[J].中国教育科学(中英文),2021,4(03):51-58.
③ 习近平.做党和人民满意的好老师——同北京师范大学师生代表座谈时的讲话[N].人民日报,2014-09-10(02).
④ 王鉴,王子君.新时代教师评价改革:从破"五唯"到立"四有"[J].中国教育学刊,2021(06):88-94.
⑤ 汪珊珊,王洁.迈向新时代的教师评价——第二届全国教师教育发展论坛述评[J].比较教育学报,2021(05):132-140.

只有以学为中心,全面聚焦于促进学生的学习与发展,教师评价才能为教师创造静心育人、潜心育人的良好环境。①

具体到各类教师评价内容,研究的重点在于评价指标体系的构建。指标体系可作为诊断教师教学能力的理论框架,并为助推教师自省自评、促进其专业发展提供工具支持。有研究提出了几个有代表性的教师评价指标体系。一是高校教师的教学能力评价指标体系。研究认为其并非是单一的某种能力,而是蕴含教师个人风格及心理特征,并支持教师在不同情境中进行教学计划与实施,完成有效教学的复杂能力集合体。其评价指标体系包括"教学内容选择与开发""教学整合与转化""教学表达与交往""教学评价与反思""教学研究与创新""信息素养与技术能力"六个维度,可以描绘高校教师教学能力,明晰其构成要素和能力观测点。② 二是职业教育"双师型"教师教学能力评价指标体系。有研究认为,其有利于教师识别专家型职业教育教师的能力,帮助教师诊断自身能力水平,促进教师达成学习目标,进一步从宏观视角提升职业教育教师的认可度和公众形象。"双师型"教师教学能力的评价指标包括课程开发、课程教学、专业知识、行业能力、信息素养、研究与发展六个维度。③ 三是教师课程能力评价指标体系。有研究参照马克思主义哲学活动观的能力类型,将"认知性课程能力""实践性课程能力""研究性能力"作为教师课程能力的三个维度,二级指标主要包括课程认知、课程理解、课程设计、课程组织、课程实施、课程评价、课程反思、课程研究能力。④

关于教师评价制度,有研究认为,应将其看作是外部管理活动向教师内部自我发展转化的媒介。研究讨论了高校教师教学与学术评价,发现研究型大学教师教学评价制度经历了从管理—科学主义评价到专业—建构主义评价的逻辑转向,还应从驱动—问责评价转向联动—发展评价,从"教师之教"的评价转向"学习之教"的评价,从片面的教学评价转向融合的教学评价。⑤ 学术评价机制被认为是科研体制的核心制度。有研究认为,学术评价制度不仅对高校教师个体的学术行为发挥着直接的引导和规范功能,而且会影响到整个国家乃至人类社会的知识生产和创新。推进高校教师学术评价机制变革须以管评办分离为基础,完善基于程序正义和知识生产规律的学术评价生态,从而更好地发挥学术共同体的主体性功能。⑥

① 周文叶.试论"学为中心"的教师评价框架[J].教育研究,2021,42(07):150-159.
② 杨世玉,刘丽艳,李硕.高校教师教学能力评价指标体系建构——基于德尔菲法的调查分析[J].高教探索,2021(12):66-73.
③ 刁均峰,韩锡斌.职业教育"双师型"教师教学能力评价指标体系构建[J].现代远距离教育,2021(06):13-20.
④ 常珊珊,李家清.教师课程能力评价指标体系的建构研究[J].教育科学研究,2021(04):30-35.
⑤ 赵锋.研究型大学教师教学评价制度研究——建设一流本科教育的视角[J].大学教育科学,2021(05):77-86.
⑥ 张曦琳.高校教师学术评价机制变革:逻辑、困境与路径——基于学术共同体视角[J].大学教育科学,2021(02):62-70.

## 五、 教师情绪劳动研究

20世纪80年代,社会学家阿莉·霍克希尔德(Arlie Hochschild)提出并明确了情绪劳动(Emotional Labor)概念,认为情绪劳动是个体为满足组织或工作的要求,使公众能察觉特定的面部表情或行为方式所作出的情绪管理。1998年,哈格里夫斯(Hargreaves)认为教学不仅是技术能力或标准的工作,也是明显存在情感理解和情绪劳动的工作,提出教育改革需要朝情感情绪方面付出努力。① 教师在教学过程中与学生、家长交互,情绪投入不可避免,因此,教师情绪劳动日益受到学术界的关注。

有研究认为,情绪劳动是"为表达组织所期望的情绪,员工进行的必要的心理调节与加工",是"为了表现符合组织要求的情绪而调节个人真实情感所付出的心力",是"对情绪不协调进行的监控和调节过程"。相应地,教师需要正视三类情绪:工作需要的情绪、自己感受的情绪和经过调整后表现出来的情绪。这三类情绪分别简称为需要的情绪、感受的情绪和表现的情绪。② 情绪具有特殊的教育价值,这使得教师的情绪表达不能随心所欲,需要对其进行有意识的调节和控制。为促进教师情绪的自我发展,鼓励教师恰当的情绪表达,针对教师情绪表达议题进行专门研究,显然是必须且至关重要的。③ 教师情绪劳动研究存在诸多视角,如从分段、分层、分类等维度,从过程视角、目的视角和整合视角进行讨论④,或者以因果模型分析其中的理论关系⑤。

教师情绪劳动在不同学科、不同学段以及不同任职时期的教师身上的表现具有差异性。有研究发现,对于英语教师来说,情绪劳动在其自身构建身份认同与专业发展方面扮演着重要角色,需要培养其情绪韧性。外语教学活动是承载着情绪的实践。教师将自我信念、价值观和关爱伦理等注入到教学工作中,把个人身份与专业身份融为一体。教学成为教师获得自尊和自我实现的主要来源,同时也成为其情感脆弱性(vulnerability)的主要原因。⑥ 有研究认为,影响中学英语初任教师情绪劳动的情绪规则主要有五项:服从权威、利用情绪实现教学目标、维持和谐关系、具备关爱伦理和树立教师威信。因此,欲改善英语教师的情绪劳动,需要从以下几个方面入手:一是应开发系统的教师情绪劳动培训课程,推动教师情绪的去污名化,构建情绪劳动在专业发展和教育场域中的合法性,组织跨地域、跨学校、跨学科的

① 余凤燕,郑富兴.因果机制与管理路径——国外教师情绪劳动研究综述[J].比较教育学报,2021(06):101-115.
② 田国秀,刘忠晖.教师情绪劳动:三类情绪的区分与关系协调[J].比较教育研究,2021,43(04):3-10.
③ 张冬梅,葛明贵.教师情绪表达:为何与何为[J].教育科学研究,2021(03):72-77.
④ 田国秀,余宏亮.教师情绪劳动策略的分段、分层与分类[J].全球教育展望,2021,50(08):93-102.
⑤ 余凤燕,郑富兴.因果机制与管理路径——国外教师情绪劳动研究综述[J].比较教育学报,2021(06):101-115.
⑥ 杨姗姗,束定芳.大学英语教师专业身份发展中的情绪研究[J].外语与外语教学,2021(05):47-56,148.

教师"情绪同盟",为教师提供理论、资源和组织支持。二是英语教师应将情绪视为"社会行动力量",将情绪困境视为改变现状和自我解放的契机,用情绪做事,即通过情绪劳动创造有利条件、实现教育目的、促进职业发展。三是英语教师研究者应追问语言教学互动中英语教师情绪劳动的建构、重塑和变化,以及借助情绪劳动改善权力关系、促进职业发展的意义。①

对于大学教师来说,有研究发现,他们积极的工作态度与其情绪劳动策略及工作满意度的相关性更为显著。大学教师情绪劳动策略中的表层表现与工作满意度呈显著负相关,与职业倦怠呈显著正相关;深层表现、自然表现与工作满意度均呈显著正相关,与职业倦怠均呈显著负相关。基于此,高校管理者应充分考虑大学教师的职业特点,关注特定教师群体的情绪劳动特征,建立有效的管理与支持制度,促进其形成积极的工作态度,合理使用情绪劳动策略,发挥其正向作用,从而提升教师工作满意度,防止职业倦怠。②

有研究认为,对初任教师来说,他们与学校领导、同事的不和谐关系是其情绪冲突的主要来源,也是影响专业身份建构的关键因素。③ 初任教师在职业初期,既不能违背职业要求,又不能欺骗情绪体验,还要表现得适应学校规则,表现出有利于学生成长的情感表现和行为风范。为实现教育目的而产生"情绪需要",在面对各种人与事中体现"情绪感受",还需要刻意彰显或克制而产生"情感表现",这些都易造成初任教师情绪的内耗和担忧。因此,教师情感能力的提升十分有必要,同时也需要警惕学校规则的异化和滥用,减少教师情感困惑的发生。④

———————————

① 丁晓蔚.国内外英语教师情绪劳动研究述评[J].外语教育研究前沿,2021,4(03):3-8,92.
② 屈廖健,邵剑耀.大学教师情绪劳动与工作满意度、职业倦怠的关系——基于 21 世纪以来国内外实证研究的元分析[J].重庆高教研究,2021,9(06):67-77.
③ 汪甜甜,邓猛.融合教育背景下新任资源教师的身份建构研究——基于教师情绪的视角[J].中国特殊教育,2021(04):20-26.
④ 田国秀,曾亚姣.中小学初任教师的情绪困惑——基于情绪劳动视角的教育民族志考察[J].教师教育研究,2021,33(04):68-75.

# 第二部分

# 教师编制研究主报告

编制是教师队伍建设的基础性制度。为深入了解中小学、幼儿园、职业教育学校教师配置及相关问题,发现瓶颈问题,总结改革经验,凝练理论规律,提出政策方案,2019—2021年期间,课题组分别赴上海、山东、河南、青海、贵州、西藏、云南等10多个地区开展专题调研。调研累计召开近50场座谈会,省、市、县(区)190余位政府有关部门工作人员和校长、教师参与座谈,实地调研近40所学校,整理访谈记录30余万字。同时,课题组通过问卷调查搜集资料,共回收有效问卷2万余份。通过调查研究,课题组比较全面地了解了教师编制改革的整体形势,分析了其中的瓶颈难题,提炼了若干理论分析框架,并形成了深化教师编制改革的建议。

# 第三章　幼儿园教职工编制改革研究

## 第一节　整体形势

### 一、国家和各地区的标准体系不断完善

为规范各类幼儿园用人行为,教育部于 2013 年出台《幼儿园教职工配备标准(暂行)》,并发出通知要求各地参照执行。首先,规定了幼儿园教职工与幼儿的配备比例。其中全日制、半日制幼儿园教职工(包括专任教师、保育员、卫生保健人员、行政人员、教辅人员、工勤人员)与幼儿比分别为 1∶5—1∶7 和 1∶8—1∶10;全日制、半日制幼儿园保教人员(包括专任教师和保育员)与幼儿比分别为 1∶7—1∶9 和 1∶11—1∶13。其次,规定幼儿园根据服务类型、幼儿年龄和班级规模配备数量适宜的专任教师和保育员。其中全日制幼儿园每班配备 2 名专任教师和 1 名保育员,或 3 名专任教师;半日制幼儿园、单班学前教育机构每班配备 2 名专任教师,有条件的可配备 1 名保育员;寄宿制幼儿园至少在全日制幼儿园基础上每班增配 1 名专任教师和 1 名保育员。最后,还规定了园长、卫生保健人员、炊事人员、财会人员、安保人员等其他人员的配备数量。

截至 2022 年 6 月,北京、天津、黑龙江、上海、江苏、浙江、安徽、福建、山东、广东、广西、陕西、甘肃、新疆等 20 余个地区陆续出台公办幼儿园教职工编制标准。部分地区的编制标准相关文件信息见表 3-1,未出台编制标准的地区参照教育部文件执行,从而形成了从国家到地方的不断完善的编制标准体系。

表 3-1　部分地区幼儿园教职工编制标准

| 序号 | 地区 | 文 件 名 | 发布时间 | 编制标准<br>(教职工与幼儿比) |
|------|------|----------|----------|----------------------------|
| 1 | 北京 | 《北京市举办小规模幼儿园暂行规定》 | 2011 年 3 月 15 日 | 1∶5.5—1∶6 |
| 2 | 福建 | 《关于全省公办幼儿园教职工编制核定问题的通知》 | 2011 年 4 月 1 日 | 1∶7—1∶8 |

| 序号 | 地区 | 文 件 名 | 发布时间 | 编制标准<br>（教职工与幼儿比） |
|------|------|---------|----------|------------------------------|
| 3 | 贵州 | 《贵州省中小学幼儿园教职工编制标准》 | 2011年7月10日 | 1∶6—1∶8 |
| 4 | 陕西 | 《陕西省幼儿园编制标准（暂行）》 | 2011年12月6日 | 1∶6—1∶8 |
| 5 | 黑龙江 | 《黑龙江省幼儿园机构编制管理办法》 | 2011年12月19日 | 1∶6 |
| 6 | 山东 | 《山东省公办幼儿园编制标准》 | 2012年3月15日 | 1∶6—1∶8 |
| 7 | 广东 | 《广东省幼儿园编制标准（试行）》 | 2012年8月24日 | 1∶7—1∶10 |
| 8 | 浙江 | 《浙江省公办幼儿园教职工编制标准指导意见》 | 2012年12月4日 | 1∶1.5—1∶2<br>（班师比） |
| 9 | 广西 | 《广西壮族自治区幼儿园编制标准暂行办法》 | 2012年12月27日 | 1∶2（班师比） |
| 10 | 江苏 | 《江苏省公办幼儿园机构编制标准（试行）》 | 2013年2月8日 | 1∶16 |
| 11 | 安徽 | 《安徽省幼儿园办园基本标准（试行）》 | 2014年11月14日 | 1∶15以内 |
| 12 | 新疆 | 《新疆维吾尔自治区幼儿园办园基本标准（试行）》 | 2015年1月16日 | 1∶5—1∶7 |
| 13 | 甘肃 | 《甘肃省公办幼儿园编制标准（试行）》 | 2015年10月11日 | 1∶10—1∶12 |
| 14 | 天津 | 《关于幼儿园教职工编制标准的意见》 | 2015年 | 1∶7—1∶9 |
| 15 | 河南 | 《河南省公办幼儿园机构编制标准（试行）》 | 2020年5月12日 | 1∶15 |
| 16 | 宁夏 | 《关于做好公办幼儿园人员配备工作的通知》 | 2020年11月 | 1∶7—1∶10 |
| 17 | 内蒙古 | 《内蒙古自治区公办幼儿园机构编制标准》 | 2022年6月23日 | 1∶7—1∶10 |

第一，明确基本标准，提供核定依据。一是明确幼儿园班级规模。各地幼儿园规模基本控制在小班20—25人，中班26—30人，大班31—35人。二是明确核定标准。多数地方按照教职工与幼儿的一定比例核定，比例在1∶5—1∶10之间不等。如新疆为1∶5—1∶7，贵州为1∶6—1∶8，广东为1∶7—1∶10。一些地方明确专任教师按班师比或生师比确定。如浙江按班师比1∶1.5—1∶2的标准执行，安徽、江苏分别按照师生比1∶15和1∶16的比例核定。三是明确结构比例。天津、广东等地规定专任教师和保育员应占到幼儿园教职工总数的80%以上；山东要求专任教师不低于教职工总数的91%。贵州省按照学生规模500人以下聘用2至3名、500人至1000人聘用3至5名、1000人以上按不低于学生总数的3‰的比

例聘用专职保卫人员。

第二,考虑附加因素,满足多种需求。一是考虑教师脱产进修、产假、支教等因素,广东规定按不超过 5％ 的原则核增,贵州按 3％—5％ 核增,新疆允许上浮 3％—10％。二是考虑招收特殊需要儿童的因素。新疆根据特殊需要儿童的数量、类型及残疾程度,配备特殊教育教师,并增加保教人员数量。江苏、山东、甘肃等地也专门针对特殊教育幼儿园核增一定比例。三是对农村边远地区实行倾斜。浙江对生源较少的偏远地区、海岛、山区,保证每班至少一名专任教师,对公办乡镇幼儿园核增不超过 10％ 的附加编制。山东对乡镇中心幼儿园按不超过 5％ 核增附加编制,对山区湖区幼儿园、多民族教育幼儿园按不超过 8％ 核增附加编制。四是对寄宿制幼儿园实行倾斜。北京、山东、陕西适当提高了寄宿制幼儿园教职工核编比例。甘肃对民族地区幼儿园、寄宿制幼儿园,按不超过 5％ 核定附加编制。江苏可核增 5％的调节编制,主要用于农村地区、寄宿制公办幼儿园。

## 二、 出现了具有重要政策价值的地方经验

很多地区一直致力于规范幼儿园教师人事管理体制机制,规范聘任标准和程序,保障教师待遇。多个地区根据实际情况以不同方式、不同程度积极探索和创新同工同酬教师管理制度,探索公益二类幼儿园教师聘用管理,各级政府和学校共同努力,加大财政资金的投入,规范入职标准和程序,保障各类幼儿园教师待遇,稳定幼儿园教师队伍。如嘉兴的员额制、郑州的政府购买服务、广州的"县管校聘"、贵阳的"新机制"等。

山东省率先将"人员控制总量备案制管理"政策应用于学前教育。2017 年 12 月 27 日,山东省委组织部、人力资源和社会保障部厅、机构编制委员会办公室和山东省财政厅联合发布了《关于印发山东省实行人员控制总量备案管理的事业单位人事管理办法(试行)的通知》,山东省开始积极探索在实验幼儿园、乡镇(街道)中心幼儿园、公办学校附属幼儿园等公益二类幼儿园实行人员控制总量备案管理,幼儿园教师与事业编制人员在工资收入、专业发展通道、社会保障等方面享受同等待遇,以满足新时代学前教育发展对幼儿园教师的需求。

2021 年,安徽省天长市事业编制幼儿园教师不足 300 名,而根据实际测算全市共需要幼儿园教师近 800 名。编制不足,教师短缺,这一直是困扰天长市教育尤其是学前教育的顽疾。为此,天长市以员额制教师招聘为创新点,持续推动完善教师储备制度。[①] 以员额制形式来招录幼儿园教师是天长市教师队伍建设的一次重要变革。天长市招聘的员额制教师除了不

---

① 王志鹏.安徽天长市:员额制改革激活教师队伍[N].中国教育报,2021 - 09 - 12(01).

纳入编制外,工资待遇、社会保障、岗位设置、职称评聘等方面,都参照事业在编人员待遇执行,养老保险购买形式为城镇职工企业养老保险。待学前教育有空缺编制时,这些员额制教师将通过遴选择优,逐步纳入编制管理。

### 三、 幼儿园教职工数快速增长与相对固定的编制总量之间形成强烈张力

近年来,我国学前教育事业快速发展。在园幼儿数从 2012 年的 3 686 万人增加至 2021 年的 4 805 万人,增幅达 30.4%;教职工人数从 2012 年的 249 万人增加至 2021 年的 565 万人。幼儿园教师培养规模不断扩大,2021 年,全国开设学前教育专业的本专科高校有 1 095 所,毕业生达到 26.5 万人,分别比 2011 年增加 591 所、23.1 万人,分别增长 1.2 倍、6.7 倍。

学前教育事业快速发展带来巨大的教师和编制需求,但我国教职工编制总量自 2012 年以来并未增加。固定的编制管理难以适应事业快速发展需要,二者形成了强烈的张力。

## 第二节 学前教育编制改革面临的主要困难

### 一、 各地对增加幼儿园教职工编制有强烈诉求

近年来,学前教育发展速度很快,对幼儿园教职工有大量需求。由于编制总量限制,大量新增教职工无法纳入编制管理,导致幼儿园教职工队伍待遇不高、队伍不稳定、质量参差不齐等。因而各地对增加幼儿园教职工编制有着很强的诉求。例如,贵州省幼儿园生员比(幼儿数与教职工之比)达到了 25.38∶1,远远高于国家标准规定的 5∶1—7∶1。原"三区三州"地区 2012 年在园幼儿 55.96 万人,2017 年底增加到 145.01 万人,增幅达 159.13%,幼儿园教职工供给面临很大压力。

### 二、 非在编教师数量大,待遇参差不齐,队伍不稳定

非在编教师队伍占到整个幼儿园教师队伍的大多数,其工资待遇和社会保障水平较低。例如,2018 年山东省共有在编幼儿教师 32 956 人,仅占公办幼儿园教师的 21.13%。这导致学前教师稳定性差、质量不高,成为制约学前教育发展的关键因素。在现有编制政策下,一些满编超编的市、县(市、区)为满足实际教学需要,采用政府购买服务等方式招聘了部分非在编教师。调查发现,非在编教师与在编教师在待遇方面差距过大,如贵州省非在编教师工资仅为在编教师工资的约四分之一;山东省非在编教师每月工资一般仅 1 300—2 600 元。由

于对非在编教师的财政投入低，也造成长期使用非在编教师现象。虽然聘用形式多样，但是绝大部分非在编教师与在编教师待遇差距很大，尤其在社会保障方面。

### 三、 制度创新在政策衔接和财政保障方面存在困难

目前，以山东省开展的"人员控制总量备案制管理"为典型代表的政策创新，虽然推进了幼儿园教师编制管理实践的创新，但改革举措与"财政供养人员只减不增"的宏观政策在一定程度上没有完全统一。这种状态可以从积极的角度定位为"政策创新"，即在制度空间内最大程度寻求突破以解决现实问题；也可以理解成"打擦边球"，在制度的模糊地带推动改革。在国家没有明确规定的背景下，这项改革存在一定的风险。

"人员控制总量备案制管理"为代表的政策探索面临的另一个核心问题是地方政府的财政压力。山东省公办幼儿园在编教师为 31 523 人，按照标准核定人员总量以后，数量为 11 万左右。采用"人员控制总量备案制管理"的教职工待遇与在编教职工相同，其用人成本约为编外聘用教职工的 2—5 倍，这给公共财政带来很大压力。

## 第三节 进一步深化学前教育教职工编制改革的建议

### 一、 合理确定幼儿园教职工编制改革的战略方向

当前影响幼儿园教职工编制问题解决的核心问题有两个：一是制度问题。编制内外教职工待遇保障方式不同，导致工资水平和社会保障存在很大差异。这种差异使得部分经济发展水平高的地区即使有财政能力也难以为编外聘用教职工提供与在编教职工同等的社会保障。同时职业发展前景不同，在编教师有相对完善的培训和职称评聘制度体系，而非在编教师的则不够完善。二是经费问题。充足的财政支付能力是保障教师待遇的根本。山东省通过"人员控制总量备案制管理"的方式解决了制度问题，但仍受到财政保障能力的制约。经费问题要通过发展解决，制度问题可以通过改革解决。整体而言，通过改革解决制度问题是当务之急。

当前阶段，解决我国幼儿园编制改革中制度问题的政策方案有三种。一是全面推广编制管理，逐步将合格的公办幼儿园教职工纳入编制管理。该方案一方面受制于编制总量限制的宏观政策约束，另一方面容易使幼儿园教职工的用人方式演变成一种稳定、终身、缺乏活力的制度，因而不是最佳方案。二是彻底改变编制管理方式，根据规模向用人单位拨付人员经费，由用人单位自主聘任。该方案可能会进一步降低幼儿园教职工岗位的吸引力，对于

学前教育事业的长远发展不利。三是全面推广"人员控制总量备案制管理"方式。本报告认为,这是最佳方案:一方面,由于该制度设计在财政保障方式和社会保险上与编制管理方式相同,能够保证幼儿园教职工的待遇、专业发展前景和岗位吸引力;另一方面,由于采用新的政策概念,在理论上能够避免编制管理所附带的终身性和身份属性,并且易于回避编制管理所固有的体制机制障碍。

## 二、 结合实际情况,科学制定各地区人员总量核定标准

过去已经出台编制标准的地区,可参照编制标准执行人员总量核定标准;未出台编制标准的地区,参考国家标准和已经出台标准地区的方案,结合本地区实际情况,制定人员总量核定标准。首先,明确幼儿园班级规模,基本控制在小班 20—25 人,中班 26—30 人,大班 31—35 人。其次,明确配置比例。例如,教职工与幼儿比例在 1∶5—1∶10 范围内;专任教师按班师比或生师比确定;明确教职工与后勤管理人员的结构比例等。再次,兼顾特殊儿童,农村边远地区或寄宿制幼儿园,教师脱产进修、产假、支教等因素。

## 三、 规范入职标准,完善聘任、待遇保障制度

无论是编制制度还是"人员控制总量备案制管理制度",其实质都是确定机构人员规模的制度依据,不具备更多的人事管理功能。规定用人单位和教职工职责权利的制度基础是聘任制度。但实践中教职工聘任制度的不完善和执行乏力,导致其缺乏约束力,编制制度成为一种稳定、带有身份属性的制度。如果没有完善的教职工聘任制度作为基础,即使推广"人员控制总量备案制管理制度",也很容易演变成新的编制制度。

因此,当前迫切需要完善幼儿园教职工聘任制度。明确教职工聘任的条件、程序以及教育行政部门、学校、教师各方职责权利关系,强化聘任制度在教师人事制度中的作用和功能,使教职工聘任制度成为幼儿园教师人事制度的基本依据。

## 四、 逐步推广实施"人员控制总量备案制管理制度"

山东省等地区积极探索"人员控制总量备案制管理制度",具有重要的政策价值。但是在国家层面没有出台明确指导意见的情况下,存在国家政策与省域政策不衔接的情况。因此,建议适时在国家层面出台指导性意见,在肯定各地"人员控制总量备案制管理"政策探索与创新实践的基础上,鼓励引导更多地区推广该制度。

在更大范围内推广的过程中,应在理论、政策和实践中明确两点。第一,"人员控制总量备案制管理"是一个确定机构人员总量的政策概念,参照事业单位在编人员给予待遇保障和专业发展支持,但完全以聘任合同为依据,不具有身份属性,不采用实名制管理,具有常态的退出机制。第二,各地区在"人员控制总量备案制管理"的政策实践中,明确编制管理部门依据标准核定总量,并逐年更新;教育行政部门在总量范围内统筹配置到各个学校。

## 五、 为深化改革提供组织保障

学前教育编制改革涉及复杂的跨部门合作,根据已有经验,充分发挥党委、政府主要领导的作用是推动改革的关键。中共中央、国务院《关于全面深化新时代教师队伍建设改革的意见》和《关于学前教育深化改革规范发展的若干意见》明确提出,"要切实加强领导,实行一把手负责制""全面加强党对学前教育事业的领导"等。为此建议,改变当前的政府领导分工惯例,在政府领导班子中委任一位党委常委直接分管教育工作,组织教师工作联席会议,将学前教师编制改革提上党委常委会的议事日程,负责各部门的日常协调工作,督导教师政策的贯彻落实。

同时,学前教师编制改革需要与编办、人社、财政等部门进行充分的沟通协调,教育行政部门应在党委、政府的推动下充分发挥积极性、主动性、创造性,积极与编办、人社、财政部门沟通协调,通过合作调研等方式形成推动学前教师队伍建设改革的共识,理顺部门之间政策的关系,推动学前教师编制改革。

# 第四章　中小学教职工编制改革研究

## 第一节　整体形势

近年来,国家和省级层面出台系列中小学教职工编制标准,政策体系不断完善。但与此同时,教育事业改革发展也对编制供给提出强烈要求。

### 一、中小学教职工编制标准不断完善

一是实行城乡统一的中小学教职工编制标准。福建省 2008 年出台文件,在全国率先将县镇、农村义务教育学校教职工编制标准提高到城市水平,并实行师生比和班师比相结合的编制配置方式。山东省 2011 年在全国较早实行城乡统一的中小学教职工编制标准。2014年,中央编办、教育部、财政部《关于统一城乡中小学教职工编制标准的通知》,将县镇、农村中小学教职工编制标准统一为跟城市标准一致,高中教职工与学生比 1：12.5、初中 1：13.5、小学 1：19。同时对村小和教学点做出倾斜性的政策规定,学生规模较小的村小、教学点按照教职工与学生比例和教职工与班级比例相结合的方式核定教职工编制。

表 4-1　国家与部分地区统一城乡中小学教职工编制标准的政策

| 地区 | 文 件 名 | 发布时间 | 政 策 要 求 |
|---|---|---|---|
| 福建 | 《福建省人民政府关于进一步加强中小学教师队伍建设的意见》 | 2008 年 11 月 11 日 | 城市、县镇、农村初中学校统一按员生比 1：13.5 配备教职工;小学在校生 200 人以上、31—200 人的学校分别按员生比 1：19.5、1：1.7 配备教职工,在校生 10—30 人的至少配备 2 名教师,在校生 10 人以下的配备至少 1 名教师;3 年内核增 6 500 个编制优先用于补充农村小学紧缺学科教师 |
| 山东 | 《关于调整中小学教职工编制标准的意见》 | 2011 年 8 月 29 日 | 承担教学点管理任务的乡镇中心小学,偏远山区、湖区、滩区、海岛等人口稀少且教学点较多地区的中小学,可本着从严从紧的原则适当增加教师编制,一般按不超过教职工总量 5% 的比例 |

| 地区 | 文　件　名 | 发布时间 | 政　策　要　求 |
|---|---|---|---|
| 海南 | 《关于调整中小学教职工编制标准的意见》 | 2013 年 7 月 | 统一城乡编制标准,高中教职工与学生比为 1∶14,初中为 1∶16,小学在校生 200 人及以上的学校 1∶20,小学在校生 200 人以下的学校按班师比 1∶1.7 配备教师 |
| 重庆 | 《关于加强农村教师队伍建设的意见》 | 2014 年 6 月 13 日 | 依据学校布局、生源变化、课程设置等因素,每学年动态调整各学校编制,满足农村学校教学需求;余编优先用于农村学校招聘教师,不得占用、挪用、截留农村教师编制 |
| 陕西 | 《陕西省乡村教师支持计划(2015—2020 年)实施办法》 | 2015 年 12 月 31 日 | 乡村寄宿制学校根据情况可适当增加教职工编制 |
| 山东 | 《关于进一步加强中小学教师队伍建设有关问题的意见》 | 2016 年 4 月 14 日 | 对乡村小学、教学点等年级学生数达不到标准班额数的学校,小学、初中分别按照年级(教学班)配备 2.4 名、3.7 名教职工的标准核定编制 |
| 内蒙古 | 《关于统一城乡中小学教职工编制标准的通知》 | 2016 年 10 月 | 将旗县镇和农村牧区中小学教职工编制标准与城市标准相统一,用生师比计算编制的按照小学 19∶1、初中 13.5∶1、高中 12.5∶1,以班为单位计算编制的按照班师比小学 2.4∶1、初中 3.7∶1、高中 4∶1 |
| 湖南 | 《关于做好统一全省城乡中小学教职工编制标准工作的通知》 | 2017 年 6 月 27 日 | 编制配备向农村边远地区等适当倾斜,在校学生数在 200 人以下的村小和教学点统一按照班师比 1.7∶1 的标准单独核定编制 |
| 江西 | 《关于加强全省中小学教职工编制管理工作的通知》 | 2017 年 7 月 28 日 | 适当倾斜农村边远地区,确保每个教学点至少有 1.5 名教师编制 |
| 安徽 | 《关于印发统一城乡中小学教职工编制标准建立编制周转池实施方案的通知》 | 2018 年 1 月 | 确保规模较小的农村小学班均配备教师不少于 1 名,教学点不少于 2 名;向村小和教学点倾斜增加编制 5 000 多名 |
| 甘肃 | 《关于统一城乡中小学教职工编制标准重新核定全省中小学教职工编制的通知》 | 2018 年 | 针对深度贫困地区农村小规模学校(教学点)较多、乡镇寄宿制学生人数增加等实际情况,学生人数在 38 名以内的按一定比例核增附加编制,确保每校(教学点)编制不少于 2 名;乡镇寄宿制学校每校核增 1 名附加编制,用于配备宿管员 |
| 重庆 | 《关于全面推行义务教育阶段教师"县管校聘"管理改革的指导意见(试行)》 | 2020 年 11 月 2 日 | 对村小学、教学点等学生较小规模的学校,按照班师比与生师比相结合,同时参考教师工作量的方式核定编制 |

二是建立浮动编制(附加编制)制度。考虑寄宿管理、偏远地区学校等现实情况,遵循从严从紧的原则,对教师编制标准给予一定浮动空间,适当增加教师编制。如贵州省给予中小学 3%—5% 的机动编制,用于教职工脱产进修、产假等特殊需要。山东省给予 5% 的教师机动编制,全部用于补充农村中小学急需的学科教师。三是挖潜创新加强中小学教职工管理。针对编制管理实践中的问题,中央编办、教育部等四部委就关于进一步挖潜创新加强中小学教职工管理出台了有关政策意见,提出优化资源配置,提高教育系统人员编制效益;统筹事业编制,优先保障中小学教育需要;创新管理方式,增加服务供给。

## 二、 编制管理体制机制不断完善

一是强化县级统筹管理职能。实施"县管校聘"或"县管校用"管理方式,努力将教师从"学校人"向"系统人"转变。二是实现动态调整。建立中小学教师编制总量控制、动态调整机制。多数省份每 3 年核定一次中小学教职工编制总量。三是推动县域内教师交流轮岗。多省建立教师流动刚性约束机制,每年交流轮岗的教师一般不低于符合交流轮岗条件教师总数的 10%。2018 年广东省共 3.9 万名校长教师参与交流,占符合交流条件教师数的 8.96%,其中县级以上骨干教师约占 20.22%。贵州省将无乡村学校、薄弱学校工作经历的校长、教师率先纳入交流对象范围,明确把在农村学校或薄弱学校任教一年以上的经历作为城镇中小学教师申报高级教师职务任职资格的必备条件。四是加大跨学段调剂力度。在县级机构编制部门核定的中小学教职工编制内,根据中小学规模、教职工需求等实际情况对岗位和人员实行调剂使用,明确同一县域内中小学教职工编制可以互补余缺。例如贵州省从其他学段学校调整编制到小学,用于缓解本省小学阶段教师编制严重紧缺的问题。

## 三、 事业发展改革对教师编制供给提出强烈要求

首先,近年来,我国基础教育事业快速发展,中小学在校生和教师规模稳步增长。2021年,全国共有中小学在校生 1.84 亿名,比 2012 年增长约 1 477 万,增幅约 8.73%。中小学专任教师 1 260.02 万名,比 2012 年增加约 192 万,增幅约 17.93%。但在"财政供养人员只减不增"的刚性约束下,编制数并未增加,快速增长的教师规模与有限的编制供给之间存在矛盾。

其次,各类教育改革对师资配置提出更高需求。在课程改革、中考改革和高考改革等新形势下,课程数量的增加、课程内容的更新、选课走班制度的推行都对教师配备提出更高的要求,对传统编制标准产生冲击。受中高考改革影响,历史、道德与法治等学科的师资需求明显上升。为落实国家"开齐课程"要求,农村学校对音体美学科教师有迫切的需求。

再次,城镇化背景下,城市学校教师规模不断扩大,而乡村学校规模、班级规模快速缩小,但班级数减少的速度较慢。一方面,城区学校学位大幅增加,与 2012 年相比,2021 年全国城市初中和小学在校生数量分别增长 53.6％和 65.9％,城市初中和小学班级数量分别增长 51.0％和 75.2％,城市初中和小学专任教师数量分别增长 52.5％和 65.0％,对教师编制需求不断增加;另一方面,乡村学校生源减少、班额变小,但班级数变化相对较小,与 2012 年相比,2021 年全国乡村初中和小学在校生数量分别减少 37.4％和 38.5％,但班级数量和专任教师数量降幅相对较小(初中班级减少 29.6％、小学减少 30.4％;初中专任教师减少 31.6％、小学减少 25.4％),对教师编制的需求并未同幅度降低。乡村学校虽然学生数减少,但是编制需求并未相应地同幅度减少。

## 第二节　关键问题

### 一、　编制总量约束,不适应事业发展改革需要

2012 年以来,我国基础教育事业快速发展,中小学在校生数稳步增长,对教师配备有着强烈需求。受新型城镇化、"全面二孩"政策、寄宿管理、新中考、新高考、民族地区双语教学等因素影响,现行中小学教职工编制标准已经难以满足教育教学需要。但在"只减不增"的宏观政策背景下,中小学教师编制总量受到严格控制,各地中小学存在不同程度的教师缺编,造成"大班额"、教师负担加重、教育质量下降等问题,影响教育事业健康发展。此外,产假、长期病假、外出培训、借调挂职、学习研修、发达地区援疆援青援藏等人员较多,一定程度上造成学校教师阶段性紧张。学科结构配置不尽合理,普遍缺少音体美和信息技术课程教师,尤其是在村小和教学点。例如,2018 年,东部某省份小学体育、音乐、美术学科教师缺额率分别达到 13.14％、14.09％、19.79％。

### 二、　教师编制管理体制机制不够顺畅

2018 年,《中共中央国务院关于全面深化新时代教师队伍建设改革的意见》对进一步完善教师编制制度释放了很多积极信号,如"盘活事业编制存量,优化编制结构,向教师队伍倾斜,采取多种形式增加教师总量,优先保障教育发展需求,优先保障教育发展需要""加大教职工编制统筹配置和跨区域调整力度,省级统筹、市域调剂、以县为主,动态调配""建立完善教师退出机制"等。2019 年,《中共中央国务院关于深化教育教学改革全面提高义务教育质量的意见》强调,县级教育部门要"在核定的总量内,统筹调配各校编制和岗位数量,并向同

级机构编制、人力资源社会保障和财政部门备案"。少数创新水平较高的地区已经先行先试,例如山东省在国家政策出台之前,就充分利用事业单位改革和精简压缩收回的编制以及高校、公立医院实行人员控制总量后收回的空余编制,设立中小学临时周转编制专户,不计入中小学编制总量,用于满编超编学校补充急需专任教师等。但多数地区在政策落实中,存在很大障碍。一是政府跨部门合作不畅。教师编制改革需要编制、人社部门放权,但各部门规章均遵循各自的逻辑规则,协同合作并不顺畅。二是跨系统、跨学段调剂编制难落实。受编制总量不足的限制,教育以外的其他系统事业编制紧张,教育内部各学段编制同样紧张,跨系统、跨学段调剂编制面临实际困难。三是跨区域调剂涉及地方政府利益,难以推进。教师编制跨区域流动的背后是财政经费的调整,涉及流出地区的地方利益,很难真正推动。这在中央财政转移支付比例较高的西部地区尤其突出。

## 三、 教育系统内部编制使用效益有待提高

一是缺乏合理的退出机制。现有法律法规对于不胜任教学工作的不合格教师缺乏统一的界定标准,未能形成健全的退出程序,地方政府和学校往往碍于人情关系无法真正推行退出制度,导致一些地区无法胜任教学工作的教师长期占用编制,甚至出现"在编不在岗"现象。二是缺乏有效的激励机制。在中小学绩效工资制度下,岗位职称工资占比较高,课时量对教师收入的影响较小,激励机制的不健全造成一些评上高级职称的教师并没有承担更多课时量,影响编制使用效益。特别是教师职称缺乏能上能下的动态调整机制,教师一旦被聘任为高级岗位,便终身享受相应待遇。不少高级职称教师存在职业倦怠现象,比如,调研中,政府教育行政管理人员将中小学教师的工作状态形象地概括为"三个千方百计":"先是千方百计地进入事业编制,然后千方百计地评上高级职称,最后千方百计地不上课。"还有被访者将其称之为"后高级现象":教师聘上高级职称就以各种理由不去上课或减少课时量。

## 四、 编外聘用教师质量参差不齐、稳定性差,存在潜在风险

在现有编制政策下,不少满编超编的地区为满足实际教育需求,聘用了相当数量的非在编教师。这支队伍质量良莠不齐且不稳定。编外教师很多采用劳务派遣方式聘用,导致队伍不稳定,严重影响教育教学质量。此外,编外聘用教师退休待遇无法保障,存在潜在风险。编外教师中相当一部分参加的是企业职工养老保险,参保险种和缴费比例低于在编教师参加的机关事业单位养老保险,退休后待遇存在差距。更有相当数量的编外教师未缴纳完整

的社会保险,甚至不缴纳任何社保。这些教师退休后如果处置不善,有可能会成为新的"民代幼"教师,成为教育系统的潜在风险。

## 第三节　政策建议

### 一、 完善编制管理体制机制,向教育行政部门和学校放权

一是深入推进"县管校聘"改革。在试点基础上推进"县管校聘"改革,明确县级编制部门负责制定编制标准、核定编制总量,人社部门负责核定岗位总量,教育部门负责在总量内统筹师资配置。根据不同学校实际需求,采取灵活多样的招聘形式,实现"有编即补"。开展跨校岗位竞聘,根据编制余缺情况,统一组织县域内符合条件的校长教师参加岗位竞聘。通过学区(集团)化办学等形式,强化教师资源在学区(集团)内的统筹配置。二是缩短编制核定周期。将中小学教师编制核定的周期缩短至一年,动态适应学龄人口的增减变化。三是结合各类学校实际情况完善编制标准。科学评估各级各类教师队伍需求总量,定期发布教师需求监测报告。统筹考虑教师定期参加培训、教师休产假、寄宿制学校、民族地区双语教学等因素,核增 5%—10% 的编制数。四是积极创新编制管理举措。鼓励各地区基于本地条件开展编制管理改革试点,总结更多的改革创新经验,适时推广。

### 二、 不断提高教职工人员使用效益

一是充分把握外部政策机遇,推动编制跨地区、跨行业调整。贯彻落实《中共中央国务院关于全面深化新时代教师队伍建设改革的意见》《关于进一步挖潜创新加强中小学教职工管理的指导意见》等文件精神,加快推动编制跨区域、跨行业调剂,实现省级统筹、市域调剂、以县为主,动态调配。通过对其他事业单位的减员增效,调出编制优先用于教师需求。在全国层面加强编制资源的统筹配置,教育行政部门协同编制管理部门根据人口变化情况,推动编制资源向人口流入区县倾斜,适时从人口流出地调剂编制给人口流入地,提升编制使用效益。二是强化学校内部管理。目前,已经有越来越多的地区采用学校管理改革的方式提高人员使用效益。山东省潍坊市从 2015 年全面实施"县管校聘"改革,将教师中级职称评审权、教师招考面试权、岗位聘任权、绩效工资分配权、考核评价及评优权等事项全部下放到学校,中小学在分配的指标内,自主开展教师聘用、考核、评优表彰、工资分配等工作。四川省成都市武侯区自 2014 年起实施"教师自聘、管理自主、经费包干"(简称"两自一包")学校管理体制改革:区教育局核定教师规模数,学校自主聘任教师,采取无编制管理;学校对绩效工资分

配、教师岗位设置等实施自主管理；区财政参照公办学校办学成本对改革学校划拨办学经费，学校包干使用。鄂尔多斯市伊金霍洛旗的竞争上岗改革，在定编定岗的基础上，试点学校按照本校的竞争上岗方案推行教师竞争上岗竞聘工作，未竞聘上岗教师通过转岗后勤岗位或至低一学段任教、待岗培训等方式分流安置。这些改革实践的一个共同之处是落实学校用人自主权，形成激励机制。这些改革具有很大的政策价值，建议加以挖掘和推广。三是完善激励约束机制。完善教师考核评价和激励机制，强化课时量在中小学教师考核评价和职称评聘指标体系中的权重，对专任教师在岗不上课或课时量达不到规定标准的，在职称评审、岗位聘用、聘期考核、绩效工资分配等方面予以约束。清查在编不在岗、吃空饷等现象，对挤占、挪用、截留中小学教职工编制的，及时予以纠正；按照《事业单位人事管理条例》有关规定，事业单位工作人员连续旷工超过 15 个工作日，或者 1 年内累计旷工超过 30 个工作日的，事业单位可以解除聘用合同。基于此，对因个人问题擅自离岗的，坚决进行清理，清理腾退的编制，用于招聘急需教师。

## 三、 完善教职工聘任制度，回归"编制"的制度初心

一是规范教职工聘任制度。明确教职工聘任的条件、程序以及教育行政部门、学校、教师各方权责关系，强化聘任制度在教师人事制度中的作用和功能。二是完善能进能出的动态调整机制，淡化编制的身份属性。以聘任合同内的岗位职责作为考核依据，对非在编教师和在编教师予以考核评价，通过低聘、转岗、解聘的方式，逐步淘汰不合格教师。三是推动工资与社保制度逐步并轨。在保证准入条件统一的前提下，保障编制内外教师同工同酬。同时逐步推动事业单位聘任人员养老保险制度并轨，逐步缩小非在编教师与在编教师在职和退休待遇的差距。四是构建平等的职业发展平台。畅通聘期内非在编教师的职业发展渠道，使其与在编教师享有同等的职称评聘、专业培训、评优评先、交流轮岗机会。

使非在编教师与在编教师在工资待遇、社会保障水平、职业发展机会、考核评价等方面保持统一，淡化编制概念，实现能进能出的管理机制，最终构建中国特色的兼有市场化活力和政府宏观调控优势的灵活、自主、本土化的教职工人事管理制度。

## 四、 积极推动国家层面的政策创新

"本届政府任期内财政供养人员只减不增"是 2013 年初提出的施政目标，到目前，该期限已过。在第五次全国教育大会和国务院常务会议上，时任国务院总理李克强也多次提出"对

符合条件的非在编教师要加快入编"。调研中,省级教育厅的同志反映,目前该政策的调整在讨论范围中,但依然有争议。本报告认为,目前这个阶段是国家层面教师编制改革的政策窗口期,建议各级教育行政部门积极联合各方,通过内参、专报、新闻媒体等多种渠道,反映教育事业发展对于编制改革的迫切需求,引起决策者的重视,尽快推动编制政策的调整。当前一个阶段,推动国家层面政策调整是编制改革的重要突破口,也是教师队伍建设改革的关键点和着力点。

# 第五章 中等职业教育教职工编制改革研究

职业教育为我国经济社会发展提供了有力的人才和智力支撑。职业教育教师是职业教育发展的第一资源。为深入了解职业教育教师配置及相关问题,课题组在系统梳理教职工编制相关国内外文献资料和查阅国家统计数据库最新数据的基础上,赴山东、四川、河南、贵州、西藏、青海等省进行了实地调研,研判了整体形势,分析了其中的关键问题,并提出了有关建议。

## 第一节 整体形势

### 一、 中等职业教育迎来发展契机并进入转型期

随着我国进入新的发展阶段,产业升级和经济结构调整不断加快,各行各业对技术技能人才的需求越来越紧迫,职业教育的重要地位和作用越来越凸显。2019 年,《国家职业教育改革实施方案》(以下简称职教二十条)明确指出:"优化教育结构,把发展中等职业教育作为普及高中阶段教育和建设中国特色职业教育体系的重要基础,保持高中阶段教育职普比大体相当,使绝大多数城乡新增劳动力接受高中阶段教育。改善中职学校基本办学条件。加强省级统筹,建好办好一批县域职教中心。""深化办学体制改革和育人机制改革,以促进就业和适应产业发展需求为导向,鼓励和支持社会各界特别是企业积极支持职业教育,⋯⋯经过 5—10 年左右时间,职业教育基本完成由政府举办为主向政府统筹管理、社会多元办学的格局转变。"

具体到中职学校的人员配备和编制管理问题上,2018 年,《中共中央国务院关于全面深化新时代教师队伍建设改革的意见》提出:"根据职业教育特点,有条件的地方研究制定中职学校人员配备规范。⋯⋯落实职业院校用人自主权,完善教师招聘办法。推动固定岗和流动岗相结合的职业院校教师人事管理制度改革。支持职业院校专设流动岗位,适应产业发展和参与全球产业竞争需求,大力引进行业企业一流人才,吸引具有创新实践经验的企业家、高科技人才、高技能人才等兼职任教。"

可以预见,接下来一段时期,中等职业教育发展过程中政府的角色和职能将逐渐转变,

其管理权力与职能会逐步下放,其中很重要的一项就是人事权力。

## 二、 多个地区制定编制标准,体现职业教育特点

目前国家层面未制定统一的中职学校(包括职业高中学校、普通中等专业学校、技工学校、成人中等专业学校、职业中等学校)人员编制标准。由于缺乏国家层面的指导性文件,各省、自治区、直辖市在执行中职学校人员编制标准时出现了差异。在 2013 年之前,大体分为三类情况:第一类,地区单独制定了教职工编制标准,包括安徽、福建、湖南、广西、河南、重庆、广东;第二类,地区对职业中学编制标准进行了单独或特别说明,包括湖北、云南、甘肃、海南、江苏、山西、浙江;第三类,除上述地区外其余各省、自治区、直辖市参照《关于制定中小学教职工编制标准的意见》核定中职学校教职工编制标准。

2014 年,中央编办、教育部、财政部印发《关于统一城乡中小学教职工编制标准的通知》以后,多个地区明确编制标准,体现职业教育特点,并启动和实施中职学校教职工核编工作。各地编制标准多结合中等职业教育学生规模较大、学科分类较多等特点,以学生数为基本参数,综合考虑学校专业类别、办学层次等因素,按学生数与教职工数的一定比例(生员比)确定。主要分为四种情况:一是设定统一的生员比,上海、福建、西藏等地属于这种情况,如西藏按生员比 10∶1 核定。二是根据学生规模设定不同的生员比,河南、重庆、甘肃等地属于这种情况,如河南规定在校生人数 2 000 人以下的生员比为 14.5∶1,在校生人数 2 001—3 000 人的为 15∶1,在校生人数 3 001—5 000 人的为 15.5∶1,在校生人数 5 001—8 000 人以上的为 16∶1。三是综合考虑学生规模与学校类型、学校层次等因素设定不同的生员比,安徽、广西、四川、新疆等地属于这种情况。四是根据学校专业类别设定不同的生员比,山东、湖南、广东等地属于这种情况,如湖南规定中职学校各类专业的生员比,农工医卫类 11∶1,商贸财经类 14.5∶1,文化艺术与体育类 7∶1。①

## 三、 各地积极开展编制管理创新

第一,通过管理体制机制创新提高中等职业学校教职工编制使用效益。一是深化学校后勤人员管理体制机制改革。例如,上海、重庆、广西等地通过服务外包或其他方式购买后勤服务,工勤人员不再占用事业编制。二是设立特聘教师岗位。福建、重庆等地提高中职学校的人事自主权,在学校编制总量范围内设置一定比例的"特聘教师"岗位,不受学校岗位职

---

① 教育部办公厅.关于各地出台中等职业学校教职工编制标准情况的通报[R].北京:教育部,2017.

数限制和人员学历、身份限制,由学校自主引进高层次人才和紧缺学科专任教师。三是聘请兼职教师。为满足中职学校对实践性、技能性较强的专业课或实习指导课教师的需要,福建、山东、湖南等地规定,学校教职工编制总数的15%—30%可用于聘请专业兼职教师。这些教师由学校根据岗位需求自主聘任,教师数量在确定的编制限额内,财政部门核拨一定经费。① 四是推行实名制和非实名制相结合的编制管理模式,构建灵活的用人机制。2009年开始,广西出台中职学校机构编制标准,明确从学校总编制内分列出25%—35%的非实名编制,专用于外聘专业技术人员(如能工巧匠等),不办理入编手续,使中职学校能够根据办学规模变化、专业设置灵活聘用专业技术人员,既满足学校一定时期的办学需要,也有利于学校调整办学规模和专业设置时的教职工调整,增强用人的自主权。

第二,针对中等职业学校的特殊情况核定附加编制,满足学校实际发展需求。多个地区按照编制总量的特定比例额外核定附加教职工编制,以满足中等职业学校发展的实际需要,具体做法可以分为两类。一是考虑中等职业学校的不同层次,分别核增一定比例的编制数。例如湖南规定获得国家级示范性中职学校建设单位资格的学校,可上浮5%的教职工编制;获得省级示范性中职学校建设单位资格的学校,可上浮3%的教职工编制。甘肃省规定国家级示范学校或国家级重点学校,可按不超过5%的比例核增编制。二是考虑教职工参加脱产培训、病假、产假等特殊情况,适当核增编制。例如,安徽省规定,在职教师进修培训超过学校教师总数的5%的学校,可申请增加编制。西藏对脱产进修、病假、产假等情况按9%核定附加编制。②

## 第二节　关键问题与成因分析

教师队伍是发展职业教育的第一资源,是支撑新时代国家职业教育改革的关键力量。改革开放以来特别是党的十八大以来,中职学校教师管理制度逐步健全,教师地位待遇稳步提高,教师素质能力显著提升,为职业教育改革发展提供了有力的人才保障和智力支撑。但是,与新时代国家职业教育改革的新要求相比,职业教育教师管理体制机制仍存在不灵活、专业化水平偏低的问题。

### 一、 部分地区仍套用中小学教师编制标准确定中职教师编制

如前文所述,虽然近年来我国很多地区对于中职教师编制标准根据职业教育特点进行

---

① 教育部办公厅.关于各地出台中等职业学校教职工编制标准情况的通报[R].北京:教育部,2017.
② 教育部办公厅.关于各地出台中等职业学校教职工编制标准情况的通报[R].北京:教育部,2017.

了积极改革与探索实践,但至今尚未建立起一套能够反映中等职业教育特色的、符合中等职业教育发展规律和趋势的、具有指导意义的人员编制体系。这与中职学校本身的特点相关。与中小学不同,中职学校之间在专业类型、办学形式、招生情况、学校层次等方面都差异很大,很难用一种标准来进行人员的科学配置。

目前,我国仍有近一半的省级行政区一直套用中小学教师编制标准确定中职学校教职工编制标准。中职学校编制工作停留在简单套用、局部应对和经验修正等层面上,虽然部分地区有一些积极的探索,但目前我国中职学校的编制主要采取省级统筹的方式确定,不同地区编制标准制定的依据和标准差异较大,这在一定程度上是中职学校之间差异在区域层面的一种体现。

## 二、 部分地区专任教师紧缺现象依然存在

2021 年,我国共有中职学校 7 294 所,中职学校在校生数为 1 311.81 万人,专任教师数为67.09 万人,生师比为 19.55:1,整体上达到了《中等职业学校设置标准》中 20:1 的要求,但部分地区仍未达到标准。

表 5-1　2021 年各地区中等职业学校生师比

| 地　　区 | 在校生数(人) | 专任教师数(人) | 生　师　比 |
|---|---|---|---|
| 总　　计 | 13 118 146 | 670 936 | 19.55:1 |
| 北　京 | 48 028 | 5 598 | 8.58:1 |
| 天　津 | 80 117 | 5 372 | 14.91:1 |
| 河　北 | 910 748 | 52 449 | 17.36:1 |
| 山　西 | 322 092 | 24 226 | 13.30:1 |
| 内蒙古 | 178 668 | 13 251 | 13.48:1 |
| 辽　宁 | 267 638 | 18 751 | 14.27:1 |
| 吉　林 | 131 079 | 13 187 | 9.94:1 |
| 黑龙江 | 176 725 | 12 269 | 14.40:1 |
| 上　海 | 108 907 | 8 077 | 13.48:1 |
| 江　苏 | 641 184 | 44 956 | 14.26:1 |

| 地　区 | 在校生数(人) | 专任教师数(人) | 生 师 比 |
|---|---|---|---|
| 浙　江 | 556 039 | 37 329 | 14.90∶1 |
| 安　徽 | 752 140 | 30 054 | 25.03∶1 |
| 福　建 | 375 367 | 17 706 | 21.20∶1 |
| 江　西 | 519 162 | 17 239 | 30.12∶1 |
| 山　东 | 839 144 | 50 794 | 16.52∶1 |
| 河　南 | 1 180 043 | 47 890 | 24.64∶1 |
| 湖　北 | 441 214 | 21 984 | 20.07∶1 |
| 湖　南 | 746 552 | 35 218 | 21.20∶1 |
| 广　东 | 903 049 | 45 124 | 20.01∶1 |
| 广　西 | 690 913 | 21 606 | 31.98∶1 |
| 海　南 | 121 256 | 3 603 | 33.65∶1 |
| 重　庆 | 364 201 | 16 781 | 21.70∶1 |
| 四　川 | 872 310 | 41 124 | 21.21∶1 |
| 贵　州 | 397 515 | 16 965 | 23.43∶1 |
| 云　南 | 550 892 | 19 930 | 27.64∶1 |
| 西　藏 | 33 196 | 2 526 | 13.14∶1 |
| 陕　西 | 296 995 | 16 171 | 18.37∶1 |
| 甘　肃 | 202 176 | 13 827 | 14.62∶1 |
| 青　海 | 89 118 | 2 334 | 38.18∶1 |
| 宁　夏 | 76 339 | 3 247 | 23.51∶1 |
| 新　疆 | 245 339 | 11 348 | 21.62∶1 |

　　2021 年,还有 16 个省级行政区中职学校生师比高于国家标准,其中青海、海南、广西、江西均超过了 30∶1,分别达到了 38.18∶1、33.65∶1、31.98∶1、30.12∶1。专任教师紧缺在很大程度上是由于编制标准不合理或编制管理体制机制不顺畅造成的,中职学校招聘专任教师入编受到诸多限制。

## 三、 编制制度的稳定性与职教师资队伍的灵活性不相适应

近年来我国经济社会的迅速发展与市场需求的动态变化要求中职学校快速反应,不断调整招生专业和学生规模。这就意味着中职学校教师队伍具有相当的流动性,这种流动性与目前的编制制度是不相适应的。这就造成了近年来中职学校编外聘任制教师规模居高不下。编外聘用教师具备较强的灵活性,在一定程度上满足了中职学校的发展需求,但其质量难以得到有效保证,也缺乏充足的经费支持。同时,工学结合、校企合作、顶岗实习目前已成为职业教育人才培养模式和中职学校基本的教学制度,人才培养模式与教学模式的重要变化使得传统的编制管理方式难以适应新形势的需要。

## 四、 部分地区编外聘用教师待遇差异较大

由于编外聘用教师的收入保障方式和在编教师有差异,没有稳定的财政保障,导致部分地区编外聘用教师的待遇与在编教师差异较大。例如西部省份某地区编外聘用教师年收入在 4 万左右,在编教师约 12 万,为前者的三倍。这样的工资收入水平导致编外聘用教师的质量很难保证,而且队伍稳定性很低。

## 五、 编制管理体制机制不顺畅, 无法适应职业教育发展需要

第一,在编教师招聘方式不适应职业学校需要。由于事业单位编制管理的政策要求,中职学校教师招聘教师一般都依据各地区事业单位公开招聘人员办法执行,采用"逢招必考"。但此办法并不适合中职学校招聘技术技能人才。人社、教育行政部门作为教师招聘的责任主体,难以顾及学校个性化人才需求。学校想招聘的人员进不来,通过正式招聘的人员不符合职教需要却由上级部门分摊下来,难以实现学校按需聘人。

第二,教师聘任标准存在"一刀切"现象,如学历要求本科以上,而职业学校的专业课需要来自一线的技术技能人才或社会紧缺人才任教,他们常常因为学历不符合要求无法被聘任。

第三,招聘的程序不适合职业教育特点。一般程序是先笔试后面试,理论水平考核重于实操能力,但学校更倾向聘任动手能力强的教师,导致招聘失败。

第四,中职学校入职门槛高,待遇不匹配。从企业引进的高级人才,进入学校后收入大打折扣,导致学校难以引进能工巧匠,也难以留住有企业经验的高级人才任教。

第五,职业学校内部管理部门的设置与中小学有很大区别,例如需要设置产教融合、对

外合作、招生就业等部门，也需要相应的职数。但是当前中职学校在管理体制上参考中小学，部门设置和管理人员职数很难调整，对学校管理和发展带来很大影响。

第六，存在编制核定周期长的问题，无法动态适应中职学校发展需要。中职学校在校生数量和学科设置变化较快，客观上需要及时核定编制，但实践中还存在困难。

鉴于上述原因，很多学校不敢轻易招聘新教师，很多专任教师编制因招不到合适的人员而长期空缺。同时，部分地区的经费管理制度也制约着教师编制的合理使用，中职学校人员经费一般是由财政部门依据岗位数量和教师职称全额或差额拨款的，一些中职学校管理者为保障教职工收入待遇，一方面满指标招生，另一方面控制教师规模，导致空编现象和教师规模不足。

## 第三节 政策建议

中等职业学校在专业设置、教育教学模式等方面与中小学存在很大差异，而且本身也需要动态变化以适应经济社会发展需要。中职学校编制改革要适应这种特殊性。

### 一、综合考虑中职学校教职工配置的相关影响因素，分类型设定不同的编制标准

职业教育有自身的特点，旨在培养学生的专业技能、职业发展能力及社会适应等综合能力，职业教育发展需要双师型教师、顶岗实习、兼职教师等。编制标准应体现职业教育发展的规律。通过对我国中职学校人员编制标准相关政策的梳理以及省际、国际比较发现，制定中职学校人员编制标准应综合考虑如下因素：学生规模、学校类型（专业类别）、学校层次、教师工作量、内设机构、兼职教师比例等。建议根据职业教育的以上特点，分类设定有针对性的编制标准。

### 二、完善编制管理体制机制，向中职学校大幅下放用人自主权

第一，调整完善准入标准。针对职业学校发展需要，调整学历学位、学术水平等方面的准入标准。教育行政部门制定基本条件，具体的用人标准由学校根据需要自主确定，向人社部门备案。

第二，完善招聘制度。建立教育行政部门和学校主导的教师招聘制度，尤其强调学校的自主权。在教育行政部门指导下，由学校自主确定招聘方式，报人社部门备案。

第三，完善教职工聘任制度，作为学校人事管理的基本依据。由学校和教师签订聘任合

同,作为人事管理的基本依据。

第四,建立编制管理部门逐年核定总量、教育行政部门统筹配置的管理体制机制。编制管理部门依据中职学校发展情况和有关标准,每年核定编制总量。教育行政部门在总量范围内根据学校发展需要统筹配置至各学校。

第五,淡化身份属性,完善编制退出机制。在政策和实践中进一步明确编制作为确定人员总量的制度安排,与身份、待遇没有直接关系。以聘任合同约定的岗位职责作为考核依据,对所有教职工予以考核评价,通过低聘、转岗、解聘的方式,分流不胜任教师。建立常态化的编制退出机制,淡化其身份属性,逐步使编制制度回归制度初心。

## 三、 按照固定岗和流动岗组合的方式确定机构编制,提高教师聘任的灵活性

2018 年中央 4 号文件提出,根据职业教育特点,有条件的地方研究制定中职学校人员配备规范。落实职业院校用人自主权,完善教师招聘办法。推动固定岗和流动岗相结合的职业院校教师人事管理制度改革。支持职业院校专设流动岗位,适应产业发展和参与全球产业竞争需求,大力引进行业企业一流人才,吸引具有创新实践经验的企业家、高科技人才、高技能人才等兼职任教。

中职学校教职工的劳动任务、劳动方法随着社会、市场的变化有着多样性以及易变性的特点(社会经济适应性特点),相对于其他教育类型而言,职业学校受市场环境的影响较大。为更好地适应目前我国产业升级和经济结构调整不断加快的形势,中职学校机构编制建议按照固定岗和流动岗组合的方式确定,体现灵活性。

流动岗一方面可以实现中职学校用人的灵活性,另一方面可以疏通企业人员向事业单位流动的渠道,促使企业具有实践工作经历的经营管理人员、高技能人才到职业学校担任专任教师。流动岗聘任的教师应适当放宽学历、年龄、聘任程序等条件,鼓励引进具有特殊技能的能工巧匠和高技能人才。组合编制方式能较好地契合中职教育的特点,既稳定了骨干教职工队伍,满足了学校因办学规模、专业方向调整等变化对教职工人员结构的不同要求,又妥善解决了部分学校急需的实训教师难以进入学校任教的问题。"固定岗＋流动岗"组织编制的重点是在现有编制总量内,盘活编制存量,优化编制结构,畅通高层次技术技能人才兼职从教渠道,规范兼职教师管理。

流动岗针对双师型教师设置,根据学科发展和招生规模变化定期调整,用于畅通高层次技术技能人才兼职从教渠道,规范兼职教师管理。固定岗和流动岗均纳入编制总量范围内,其工资待遇和社会保障所需经费由公共财政保障。流动岗教师虽纳入编制总量范围,但人员经费拨付方式采用总量包干的方式下达至用人单位,由用人单位自主灵活聘任。

## 四、 探索编制备案管理制度，逐步形成社会多元办学的格局

职业学校进行专业设置时需要以市场需求作为重要依据，因此需要进一步思考突破传统编制管理理念的限制来创建更加符合实际的人事管理模式，确保职业教育迈入可持续发展阶段。对于中职学校来说，当其办学主体为政府时，编制是学校岗位设置和财政保障的依据，编制涉及学校的人权和财权，是其发展的生命线。编制制度设计的初衷是国家统筹公共部门的人员规模，但编制制度的稳定性和现代职业教育不断创新、对接科技发展趋势和市场需求的内在逻辑本身是有冲突的。

职教二十条提出经过 5—10 年左右时间，职业教育基本完成由政府举办为主向政府统筹管理、社会多元办学的格局转变，由追求规模扩张向提高质量转变，由参照普通教育办学模式向企业社会参与、专业特色鲜明的类型教育转变。在中职学校教职工编制管理中，政府的角色和职能应逐渐转变，人事管理权力与职能的逐步下放是其应然之选。

2011 年，《国办关于印发分类推进事业单位改革配套文件的通知》明确提出，对公益二类事业单位"在制定和完善相关编制标准的前提下，逐步实行机构编制备案制"。中职学校作为可部分由市场配置资源的公益二类事业单位，各级政府部门要深化"放管服"改革，加快推进职能转变，由注重"办"职业教育向"管理与服务"过渡。政府主要负责规划战略、制定政策、依法依规监管。发挥企业重要办学主体作用，鼓励有条件的企业特别是大企业举办高质量职业教育，各级人民政府可按规定给予适当支持。建议探索编制备案管理制度，逐步实现中职学校在既定的编制标准和人员总量范围内，自主确定人员规模并实施动态调整。

# 第三部分

## 教师编制研究专题报告

教师编制不仅是一个政策问题,其背后也隐含着诸多理论问题。比如编制制度变迁的理论模式,编制制度在设计和实践中体现出的特征和属性,编制制度和教师管理体制、教师任用之间的关系,国际上可参照的制度模式,等等。实际上,对这些理论问题的讨论和回答是理解和优化教师编制政策的重要前提。

# 第六章　中小学教职工编制的政策分析[①]

教育大计,教师为本。教职工编制制度是我国教师队伍建设和发展的生命线。2013 年 3 月 17 日,时任国务院总理李克强在会见采访十二届全国人大一次会议的中外记者时提出本届政府任期内财政供养人员只减不增的承诺[②],并在 2014 年的政府工作报告中予以重申[③]。财政供养人员只减不增成为编制部门执行编制政策的刚性约束。目前,我国地方在职财政供养人员为 3 815.24 万人,其中中小学教职工数量为 1 114.68 万人[④],占比 29.22％,作为财政供养人员重要组成部分的中小学教职工成为编制总量控制的重要对象。然而,我国中小学教职工编制却面临总量紧张、核定滞后、管理失范等问题,成为制约教职工充足配备、交流轮岗、有效激励等的瓶颈。甚至在部分地区出现了由编制问题引致的教师罢课、上访等极端事件。[⑤] 目前亟须通过系统、规范的政策研究,准确识别其中的关键问题,分析核心制约因素,提出具有前瞻性、针对性、可操作的政策建议。

## 第一节　研究的主要方法以及技术

第一,政策文本量化分析。系统搜集国家及部分省级行政区关于中小学教职工编制的政策文件,共计 103 件。根据本研究的主题,对政策文本的关键信息进行开放式编码,初步形成备选主题词。采用德尔菲法,经过三轮 19 名教师政策研究者、教育行政部门管理者、一线校长和教师的讨论,最终确定政策文本分析的主题词,即向弱势学校倾斜、向优势学校倾斜、提高编制使用效益、总量控制编制、规范编制管理。在此基础上进行类属分析,对政策特征及变迁过程进行数量化表达,以期发现政策重点、价值取向的演变轨迹,进而判断政策走向。通过政策文本量化分析,定量、可视化地呈现政策主题特点及变迁趋势,客观地分析政策理

---

① 本文原载于《教育研究》2016 年第 2 期,标题有改动。

② 赵婀娜.李克强总理等会见采访两会的中外记者并回答提问[N].人民日报,2013 - 03 - 18(02).

③ 李克强.2014 年政府工作报告[N].人民日报,2014 - 03 - 06(02).

④ 依据《2009 年地方财政统计资料》《中国教育统计年鉴 2010》相关数据计算得出。

⑤ 薛二勇,李廷洲.新形势下我国义务教育教师队伍建设的政策分析[R].北京:北京师范大学中国教育政策研究院,2015.

念的转变过程。①

第二，半结构化访谈及文本内容分析。在北京、河南、甘肃、陕西、河北、山东 6 省的 15 个县（区、市）开展调查研究，根据半结构化提纲开展访谈，对象包括 30 位教育、编制、人社、财政部门的行政人员，96 位中小学校长及幼儿园园长，99 位教师。在北京开展了 6 次焦点集体访谈，对象包括中央教育、财政、人社部门政策制定者 13 名，湖北、安徽、内蒙古、重庆、江西、河南、宁夏、黑龙江、广西、西藏、新疆、甘肃、湖南、吉林、云南、河北 16 个省份的地方政府领导和教育、编办、财政、人社部门行政人员 33 名，以及一线校长、教师 41 名。通过访谈，整理调研记录约 11 万字。对访谈文本进行开放式编码，形成自由节点，进行逐级分类，根据政策文本分析的主题词，形成初步的备选主题词，采用德尔菲法，由确定政策文本量化分析主题词的专家展开三轮讨论，最终形成访谈文本内容分析的主题词，即教师缺编严重、编制核定滞后、农村结构缺编、编外聘用教师、编制管理失范、存量调整困难、编制矛盾激化。内容分析的结果包括频次、文本覆盖率与个案百分比。频次表示该节点出现的次数，文本覆盖率表示该节点指向的文本占全部文本的比例，个案百分比表示报告该节点的被访者所占的比例。

第三，问卷调查及宏观数据统计分析。向安徽、北京、甘肃、广东、广西、贵州、海南、河北、河南、湖南、黑龙江、湖北、吉林、江苏、江西、辽宁、内蒙古、宁夏、山东、山西、陕西、上海、四川、天津、西藏、新疆、云南、浙江、重庆 29 个省（自治区、直辖市）、118 个县（区、市）发放了 1 543 份问卷，回收有效问卷 1 299 份，有效率 84.2%。通过调查问卷，搜集编制配备及管理相关数据。通过《中国教育统计年鉴》、各省级行政区教育年鉴、《教育事业发展统计公报》《人力资源和社会保障事业发展统计公报》《地方财政统计资料》等搜集全国及各地区数据，以此测算我国教职工规模及发展形势。通过政府网站、新闻媒体的公开报道等分析编制治理场域内的权力结构与运行机制。

## 第二节　编制制度的政策文本分析

编制在我国公共部门具有极为重要的作用。编制核定后，人事部门据此配置人员，财政部门据此进行拨款。同时，在编人员具有一般由公共财政保障的医疗、养老、工伤、失业、生育、住房、子女受教育等社会保障以及相关的福利待遇等。人员编制高度的稳定性、福利性，以及由此产生的隐性文化属性，成为身份象征，人员进入编制序列意味着吃上"财政饭"。改革开放以来，我国分别在 1984 年、2001 年、2009 年、2014 年出台了 4 部中小学教职工编制政

① 黄萃,任弢,张剑.政策文献量化研究：公共政策研究的新方向[J].公共管理学报,2015(02)：129-137,158-159.

策文件。1984年的政策文本由教育部单独颁发,此后均由中央编办、教育部、财政部共同颁发,政策颁布主体逐步多元,逐步强调部门协同、管理协同。本研究采用"向弱势学校倾斜""向优势学校倾斜""提高编制使用效益""总量控制编制""规范编制管理"5个主题词对政策文本进行编码,结果如表6-1所示。

表6-1 中小学教职工编制政策变迁文本分析(%)

| 主 题 词 | 1984年 | 2001年 | 2009年 | 2014年 |
|---|---|---|---|---|
| 向弱势学校倾斜 | 15.24 | 7.06 | 38.63 | 36.19 |
| 向优势学校倾斜 | 14.13 | 0.95 | 0.00 | 0.00 |
| 提高编制使用效益 | 4.38 | 18.91 | 2.01 | 0.64 |
| 总量控制编制 | 0.00 | 12.00 | 9.91 | 24.48 |
| 规范编制管理 | 66.25 | 61.09 | 49.44 | 38.69 |

分析发现,政策文本的话语变迁表现出如下特点。第一,由精英取向、效益取向逐步转向公平取向、补偿取向。从满足教育教学基本需要出发适当增加山区、湖区、海岛、牧区和教学点较多地区的农村寄宿制中小学编制,相关的文本覆盖率由2001年的7.06%提高至2009年的38.63%,2014年达到36.19%;向实验校、重点校、示范校等优势学校倾斜的规定逐渐淡出公共政策视野。第二,重视提高使用效益,逐步强调控制编制总量。提高编制使用效益在2001年的编制政策文件中的覆盖率为18.91%,约占到政策文件内容的1/5,在1984年、2009年、2014年的政策文件中均有涉及,是编制管理的重要政策内容。1984年并未出现有关总量控制编制的政策规定,此后逐步成为编制政策的重要内容,文本覆盖率在2001年为12%,至2014年达到了24.48%。第三,逐步规范编制管理制度,主要体现为完善部门分工,明确各级政府责任,形成动态管理运行机制,严禁挤占编制,加强督导监察等。这是编制政策文本体现的重要目标,但随着编制管理体制机制的完善,有关政策文本内容出现了减少的趋势,文本覆盖率由1984年的66.25%下降到2014年的38.69%。

1984年、2001年、2014年的编制政策文件均涉及城乡教职工编制标准的规定,不同阶段编制标准量化比对的结果如表6-2所示。研究发现,不同时期城乡教职工编制标准的变迁表现出两个明显的特点。第一,城乡教职工编制标准在1984年的政策文件中存在差异,其中城乡小学差距为3.89、初中差距为0.73;2001年政策文件中城乡教职工编制标准的规定导致城乡差距扩大,城乡高中差距为0.75、初中差距为3.25、小学差距为3;2014年的政策文件规定的教职工编制标准城乡差距缩小为0。第二,2001年的政策文件中,城乡中小学教职工编制标准均出现提高的情况,其中城乡高中分别提高 0.87、1.62,初中提高 1.91、4.43,小学提高 0.68、−0.21,2014 年的政策文件规定的城乡中小学教职工编制标准有所降低。

表6-2　中小学教职工编制标准及城乡差距(生师比)①

| | 1984 年 | 城乡差距 | 2001 年 | 城乡差距 | 2014 年 | 城乡差距 |
|---|---|---|---|---|---|---|
| 城镇高中 | 11.88 | | 12.75 | | 12.5 | |
| 农村高中 | 11.88 | 0 | 13.5 | 0.75 | 12.5 | 0 |
| 城镇初中 | 12.84 | | 14.75 | | 13.5 | |
| 农村初中 | 13.57 | 0.73 | 18 | 3.25 | 13.5 | 0 |
| 城镇小学 | 19.32 | | 20 | | 19 | |
| 农村小学 | 23.21 | 3.89 | 23 | 3 | 19 | 0 |

对 103 个国家和地方教职工编制政策文件梳理表明,我国中小学教职工编制政策经历了 30 多年的变迁,呈现出由精英取向、注重效益逐步转向公平取向、管理规范的趋势,呈现出三个标志性的政策文件。第一,中小学教职工编制制度确立,其标志是 1984 年教育部颁发的《关于中等师范学校和全日制中小学教职工编制标准的意见》,强调编制管理的规范性,具有优先发展重点校的政策价值取向。第二,编制管理政策转向精简人员、提高效益,形成效益取向、精英取向的政策体系,其标志是 2001 年中央编办、教育部、财政部出台的《关于制定中小学教职工编制标准的意见》。全国各省级行政区陆续出台了相应编制政策,体现了相似政策价值取向。第三,在控制编制总量的前提下,逐步形成了公平取向的教职工编制政策体系,其标志是 2014 年中央编办、教育部、财政部印发的《关于统一城乡中小学教职工编制标准的通知》,将县镇、农村中小学教职工编制标准统一到城市标准,对村小和教学点做出倾斜性的政策规定。截至 2015 年 5 月,全国已有北京、山西、内蒙古、辽宁、吉林、上海、福建、山东、青海、新疆 10 个地区实行了城乡统一的中小学教职工编制标准,其他地区也正在制定有关的政策,公平取向、严控总量的编制政策体系基本形成。100 余个政策文件构成我国中小学教职工编制的政策体系,确立了相对系统的编制标准、管理体制、运行机制等。

---

① 1984 年的编制标准为班师比,此后改为生师比,为便于分析,本文将其统一换算为生师比。1984 年的编制标准划分为城镇与农村,2001 年与 2009 年进一步细分为城市、县镇、农村,为便于比较,本文将其统一划分为城镇与农村。

## 第三节　编制制度实施的效果分析

关于编制政策执行的效果,调查发现,被访者对教职工编制政策的态度比较消极,仅有5.73%的访谈文本反映的态度是积极的,22.37%的文本是中性的描述,72.26%的文本是消极的。编制问题已经成为教师队伍建设和发展的关键政策问题。基于访谈文本的内容分析和问卷调查的数据分析,针对"教师缺编严重""编制核定滞后""农村结构缺编""编外聘用教师""编制管理失范""存量调整困难""编制矛盾激化"等主题词进行了频次、文本覆盖率(%)、个案百分比(%)分析(见表6-3),以科学识别教职工编制政策执行中面临的具体问题及其紧迫性程度。

表6-3　教职工编制政策执行中的核心问题及其紧迫性程度

| 排　序 | 主 题 词 | 频　次 | 文本覆盖率(%) | 个案百分比(%) |
| --- | --- | --- | --- | --- |
| 1 | 教师缺编严重 | 270 | 23.71 | 57.41 |
| 2 | 编制核定滞后 | 216 | 14.47 | 50.52 |
| 3 | 农村结构缺编 | 150 | 14.03 | 36.59 |
| 4 | 编外聘用教师 | 138 | 12.16 | 31.10 |
| 5 | 编制管理失范 | 138 | 11.12 | 20.12 |
| 6 | 存量调整困难 | 120 | 10.07 | 23.78 |
| 7 | 编制矛盾激化 | 102 | 8.71 | 21.95 |

### 一、缺编严重、编制核定滞后、农村结构缺编是教职工编制政策执行的首要问题

第一,缺编严重,其节点频次高达270次。57.41%的被访者报告了该问题,其中行政人员占比约为19%,城镇学校占比约为33%,农村学校占比约为48%。缺编问题不仅是农村学校存在的问题,城镇学校也有比较突出的反映。问卷调查结果显示,66.87%的被试报告学校编制"非常紧张"或"比较紧张",31.23%的被试报告"数量适当",1.9%的被试报告"比较充足"或"非常充足"。第二,编制核定滞后,难以适应城镇化进程中学生跨区域流动以及教育事业发展带来的新建校、学校规模扩张、课程新增开设以及新增宿舍管理、食堂、安保工作等的变化。新增教育教学工作仍由原来的教职工承担,增加了工作负担。虽然有关政策规定

要求不断完善编制动态管理机制,依据教育发展情况每2—3年调整编制①,但问卷调查的数据显示,约32.35%的地区教职工编制是2005年以前核定的,约14.71%的地区2006—2011年之间调整过编制,仅约52.94%的地区按政策规定2012年之后调整过编制;50.52%的被试报告编制核定"不及时"。第三,农村学校结构缺编现象依然存在,在编制数量符合甚至超过标准的情况下,开不齐课程仍旧是困扰农村学校的重要问题,36.59%的被访者报告了该问题,相应的文本覆盖率为14.03%。

## 二、 编外聘用教师、编制管理失范、存量调整困难等是编制政策执行的重要问题

第一,在编教师难以完全承担教学工作,导致编外聘用教师现象依然存在,尤其是西部地区代课教师比例大、待遇低、转正困难,由此引发的矛盾甚至导致教师罢课等极端事件②,31.1%的被访者报告了该问题。第二,学校有编难补、其他部门挤占教职工编制、管理僵化、核编程序繁琐等编制管理失范问题突出。20.12%的被访者报告了这类问题,文本覆盖率为11.12%。第三,在编教师缺乏合理的退出机制,不合格教师长期占用编制无法退出,甚至出现在编不在岗的"吃空饷"现象。编制直接分配给各个学校,使区域内编制调整困难,造成部分学校编制冗余、部分学校缺编难补的尴尬局面。23.78%的被访者报告了这类问题,相应的文本覆盖率为10.07%。此外,近年来学前教育规模迅速扩大,需要补充大量教职工,但相关编制配备政策不完善,只能与中小学教职工编制在一个大盘子内进行存量调整,进一步恶化了中小学教职工缺编的矛盾,21.95%的被访者报告了该类问题。

## 三、 编制标准不合理、管理制度失范是学术界评价编制政策执行效果的基本意见

我国学术界对教职工编制政策执行效果的评价主要集中在教职工编制标准、管理制度两个议题。第一,关注教职工编制标准的合理性。有研究认为,随着我国城镇化进程的持续推进,农村学校规模日益缩小,教师数量超编而实际缺编、结构缺编问题严重。③ 应在科学计算工作量的基础上,依据课程设置、学生数量、年级分布等参数核定基本编制④,在留守儿童与

① 中央编办,教育部,财政部.关于进一步落实《国务院办公厅转发中央编办、教育部、财政部关于制定中小学教职工编制标准意见的通知》有关问题的通知[Z].北京:中央编办,教育部,财政部,2009.
② 薛二勇,李廷洲.新形势下我国义务教育教师队伍建设的政策分析[R].北京:北京师范大学中国教育政策研究院,2015.
③ 周兆海,邬志辉.工作量视角下义务教育教师编制标准研究——以农村小规模学校为例[J].中国教育学刊,2014(09):1-6.
④ 刘善槐,邬志辉,史宁中.我国农村学校教师编制测算模型研究[J].教育研究,2014(05):50-57.

流动人口子女集中的学校附加机动编制以满足教师培训、交流需要①。实行编制测算"新双轨制"，在城市和县城地区按师生比配编，在乡村学校和教学点采取班师比配编②，适当放宽农村学校编制比例，加强农村师资队伍建设③。第二，关注教职工编制管理制度中存在的问题。研究认为，当前中小学编制管理的权限高度集中在中央和省级层面，作为管理主体的县级政府管理权限缺失，且编制、人社、财政部门与教育行政部门职能分割，造成"用人"与"治事"的割裂④，编制核定滞后、有编难补、挤占教职工编制问题突出⑤。应将管理权限下放至县级政府，建立各部门协同管理工作机制，完善编制管理。⑥

实践中，我国教育事业发展对教职工配备有着强烈的需求。2013年以后我国中小学在校生数量稳定在1.62亿左右⑦，总量并未减少。随着城镇化进程的持续推进，农村小规模学校结构缺编和城镇寄宿制学校后勤管理工作量大等问题愈发突出，为保证教育公平发展和质量提升，需要适当增加教职工数量。而且，2014年的编制政策规定将县镇、农村中小学教职工编制标准放宽，统一到城市标准，这客观上需要大幅增加编制数量，据测算，应配备的中小学教职工数为1 016.41万人，需在原有基础上增加91.11万。党的十八届五中全会指出，全面实施一对夫妇可生育两个孩子政策，教育面临新的入学高峰，需要储备、配备更多的教师，教师编制面临更为突出的问题。

当前，我国中小学教职工编制管理体制为多部门治理，主要涉及编制、教育、财政、人社部门等。工作机制上，在中央和省级由编制部门牵头，会同教育、财政部门制定标准；在区县级由教育行政部门提出编制方案，编制部门会同财政部门核定，之后由教育行政部门在核定的总量内进行配置。⑧ 多部门参与的编制治理场域内，权力分布不均衡问题凸显，部门之间缺乏衔接，机构编制、人事招录与管理调配、财政保障相互独立，缺乏有效协作，难以形成有效的编制管理运行机制。我国编制管理更多遵循行政管理逻辑而非教育发展逻辑，这是导致编制核定滞后、管理失范、存量调整困难的重要体制机制障碍。

① 李宜江.农村教师编制动态管理有效路径探析[J].中国教育学刊,2013(06)：32-35.
② 韩小雨,庞丽娟,谢云отн.中小学教师编制标准和编制管理制度研究——基于全国及部分省区现行相关政策的分析[J].教育发展研究,2010(08)：15-19.
③ 顾明远.应适当放宽农村教师编制比例[N].光明日报,2014-09-11(02).
④ 教育系统人力资源配置与学校编制管理课题组.教育系统人力资源配置与学校编制管理研究[M].北京：北京师范大学出版社,2009：139.
⑤ 柳丽娜,朱家存.中小学教师编制城乡统筹研究[J].教育与经济,2009(04)：39-42.
⑥ 郝保伟,鱼霞.从现状透视中小学教职工编制管理的问题与政策走向[J].教师教育研究,2013(06)：79-84.
⑦ 依据《全国教育事业发展统计公报2013》《全国教育事业发展统计公报2014》计算得出.
⑧ 中央编办,教育部,财政部.关于制定中小学教职工编制标准的意见[Z].北京：中央编办,教育部,财政部,2001：10,8.

## 第四节　编制制度改革的政策路线

中小学教职工编制制度已经成为制约我国教师队伍建设的政策瓶颈,也是阻碍进一步深化教育体制机制改革的制度障碍,亟须在新形势下创新政策思路,突破瓶颈、跨越障碍。传统思路是在现有制度框架内完善编制标准与核定方式,改善编制管理机制。但实际上,编制标准的完善、核定方法和技术的改进在财政供养人员只减不增的宏观形势下并不能满足教育发展规模扩大和结构调整对教职工编制的需求。而且,编制治理场域的结构特征也决定了动态管理的运行机制难以有效实现。现阶段编制管理制度改革已经不是计算方法和技术问题,而是涉及行政资源分配、部门权力博弈的政策问题,传统编制制度改革思路面临巨大的制度变迁成本,无法取得突破,需要寻求新的制度创新。编制作为行政资源,是特殊经济社会条件下进行人力资源配置的行政工具,其固有的计划性、稳定性、终身性已经难以适应新形势下教育事业发展对教师资源配置的需求。《事业单位人事管理条例》作为我国第一部系统规范事业单位人事管理的行政法规,为包括中小学在内的事业单位编制改革提供了基本的政策思路,其通篇没有提及"编制""档案"这两个词,而是明确了以"聘用合同"作为确立或终止人事关系的唯一依据。[1] 目前,鉴于义务教育作为基本公共服务的特殊属性,中小学教职工编制制度改革的新思路是通过渐进性制度变迁,逐步采用政府购买服务的方式,将编制附带的工资性收入以及医疗、退休、住房、工伤、生育、子女受教育等社会保障纳入政府购买范围,使保障强度与在编人员等同,由第三方人事代理机构承接教职工人事管理服务,通过系统的制度设计逐步淡化编制概念,营造"弱编制"的制度环境。时机成熟时,使编制制度与教职工人事制度脱钩,最终构建中国特色的兼有市场化活力和政府宏观调控优势的灵活、自主、本土化的教职工人事管理制度。为降低改革的制度风险,应循序渐进,夯实基础,在前置性政策改革完成以后,继续推进下一步改革。

第一步,2016 年开始,逐步完善教职工聘任制度,以此作为教职工人事管理的基本依据。1993 年,《中华人民共和国教师法》第十七条明确规定,学校和其他教育机构应当逐步实行教师聘任制,其步骤、办法由国务院教育行政部门规定;2002 年,国家人事部出台《关于在事业单位试行人员聘用制度的意见》,启动事业单位人员聘用制度改革;2011 年,《中共中央国务院关于分类推进事业单位改革的指导意见》提出,以转换用人机制和搞活用人制度为核心,以健全聘用制度和岗位管理制度为重点,建立事业单位人事管理制度;2012 年,《国务院关于加强教师队伍建设的意见》指出,全面推行聘用制度,完善以合同管理为基础的用人制度;2014

---

① 罗旭.告别"编制""档案"用好用活专业人才[N].光明日报,2014 - 06 - 03(12).

年,《事业单位人事管理条例》明确了事业单位人事管理实行聘用制度。截至 2014 年底,全国包括中小学在内的事业单位聘用制度推行比例超过了 93%。[1] 然而时至今日,国家有关部门并未出台教职工聘任制度实施细则,致使教师聘任政策实施流于形式,聘用合同约束力十分微弱。建议国家有关部门尽快出台"教职工聘任制度实施细则",明确教职工聘任的程序、合同规范、续聘与解聘办法,以及教育行政部门、学校、教职工各方的职责权利,以此作为教职工人事管理的基本依据。聘任制度是教职工人事制度改革的基础,须在其他制度改革之前推行。党的十八届三中全会,《国家中长期教育改革和发展规划纲要(2010—2020 年)》均做出了校长教师交流轮岗的决策部署,2014 年《关于推进县(区)域内义务教育学校校长教师交流轮岗的意见》明确,用 3—5 年时间实现该政策目标,提出区县宏观管理、学校依法聘用的"县管校聘"政策是其制度保障。参考以上时间节点,2019 年以前应建立健全教职工聘任制度,考虑到聘任制度的基础性及改革的复杂性,可将该时间节点适当延长,定在 2020 年,使聘任制度成为教职工人事管理的基本依据,形成相对完善的符合教育现代化要求的教职工聘任制度。

第二步,2017 年前后,将聘期内非在编教职工的工资收入、社会保障、人才服务等纳入政府购买教育服务目录。由公共财政补齐现有非在编教职工的工资待遇差额,使聘期内非在编教职工在工资待遇水平、社会保障强度、工作福利标准等方面与在编教职工一致,甚至略有提高。依据《政府购买服务管理办法(暂行)》的要求,公共教育、人才服务、社会保险、养老服务、住房保障服务应当纳入政府购买服务指导性目录。[2]《中华人民共和国社会保险法》规定,职工应参加基本养老、医疗、工伤、失业、生育等社会保险,生育保险由用人单位缴纳,其余由用人单位和职工共同缴纳。2011 年,《中共中央国务院关于分类推进事业单位改革的指导意见》提出,完善事业单位及其工作人员参加基本养老、基本医疗、失业、工伤等社会保险政策,逐步建立起独立于单位之外、资金来源多渠道、保障方式多层次、管理服务社会化的社会保险体系。2015 年,《机关事业单位工作人员养老保险制度改革的决定》颁布,以养老保险改革为切入点,在前期试点的基础上率先改革。按照国家宏观设计,养老以外的其他社会保险同样将逐步实现企业与机关事业单位并轨。建议国家职能部门尽快出台中小学教职工社会保障实施细则,将聘期内非在编教职工工资以及医疗、养老、工伤、失业、生育、住房、子女受教育等社会保障中应由单位承担的部分纳入政府购买服务指导性目录。教职工基本工资直接打入教职工个人账户,确保专款专用;由学校分配的奖励性绩效工资入学校账户,学校掌握绩效工资的分配权,由学校自主发放。与此同时,积极培育第三方教职工人事代理机

① 人力资源和社会保障部.2014 年度人力资源和社会保障事业发展统计公报[R].北京:人力资源和社会保障部,2015:5,28.

② 财政部,民政部,工商总局.政府购买服务管理办法(暂行)[Z].北京:财政部,民政部,工商总局,2014:12,15.

构,作为承接主体在国家职能部门监管下提供聘期内非在编教职工的工资、社会保障等人事管理服务,所需经费由公共财政保障。第三方教职工人事代理机构基本成熟且政府购买教职工人事服务制度基本完善的时候,逐步将在编教职工的工资性收入与社会保障并入该制度轨道,可在试点的基础上逐步推广。事业单位养老保险改革从试点到推广实施用了7年时间,以此为参照,实现全面并轨的目标设置在2025年前后比较稳妥。引导社会力量举办提供后勤、安全、教学辅助等学校工勤人员的第三方教育培训机构,为学校后勤管理社会化提供人员基础。工勤人员实行社会化管理,由学校自主聘任,所需经费由财政保障。

第三步,2018年前后,在教职工聘任制度趋于完善的基础上,国家职能部门出台聘期内非在编教职工职称评聘、培训、交流轮岗管理办法,畅通聘期内非在编教职工的职业发展渠道。修订教职工职称评定、岗位管理办法,保证聘期内非在编与在编教职工有同等的职称晋升、评奖评优机会,确保所有聘期内的教职工有同等接受培训和交流轮岗的机会。至2025年前后,在工资、社会保障制度并轨的同时,完成在编与非在编教职工同等的职业发展平台的构建。

第四步,2026年前后,在聘任制度进一步完善、统一的教职工职业发展平台构建完成的基础上,逐步探索建立以工作实绩而非身份为依据的教职工退出机制。依据聘任合同规定的岗位职责对聘期内在编与非在编教职工开展工作评价与考核,严格续聘程序,逐步解聘无法完成岗位职责的不合格教职工,建立常态化的不合格教职工退出机制。在编与非在编教职工同时面临工作考核与退出的可能,打破"铁饭碗"的定式思维。至2027年前后,基本形成以工作业绩而非身份为依据的教职工退出机制。

第五步,2028年前后,新聘教职工以非在编聘任制为主,大幅度降低教职工的编制保有率,逐步淡化甚至消除编制在教职工人事管理中的作用。使非在编与在编教职工在待遇水平、职业发展机会、社会保障水平上保持统一,编制逐步淡出学校管理者和教职工的关注领域,营造无编制管理的制度环境。至2030年前后,最终构建中国特色的兼有市场化活力和政府宏观调控优势的灵活、自主、本土化的教职工人事管理制度。

# 第七章 中小学教师编制的理论逻辑①

## 第一节 问题的提出

编制制度是我国教师人事制度体系中的基础性制度,在教师队伍建设中发挥着关键作用,同时也是教师职业吸引力的重要来源。② 但是在实践中,编制制度出现了很多争议和矛盾,面临体制僵化、效益低下等问题。而且,由于编制缺乏实质的退出机制,在各地不同程度地出现了在编教师聘任高级职称岗位后职业倦怠、退居二线等现象,在个别地区甚至出现了由编制问题引致的教师罢课、上访等事件。③ 面对这些问题,理论界和实践领域存在很多认识上的矛盾,出现了"取消编制"的讨论和实践尝试,使得编制的存废成为一个有争议的话题。这些问题多年来始终得不到解决,成为制约我国中小学教师队伍建设的制度瓶颈,亟须理论上的阐释和政策上的回应。

### 一、 文献述评

由于编制制度在我国教师人事管理中具有极端重要的作用,但在实践中出现了诸多问题,学术界对此进行了诸多的讨论,已有研究主要集中在四个领域。

第一类研究关注编制标准。有学者认为,随着我国城镇化进程的持续推进,农村学校规模日益缩小,现有的教职工编制标准难以适应这种变化④;目前,编制标准主要采取"定事—定编—定员—定费"的直线路向⑤,很难适应事业发展需要,编制标准更新不够及时⑥,导致实践中存在城乡不均衡、校际超缺员并存、学科间余缺不等的现象,特别是音乐、体育、美术、综合实践、外语等学科专任教师严重不足⑦。第二类研究关注编制管理体制机制。有学者认

---

① 原文刊载于《教育研究》2022 年第 5 期,内容略有改动。
② 李廷洲,吴晶,郅庭瑾,等.国家教师发展报告(2019)[M].上海:华东师范大学,2020:63.
③ 李廷洲,薛二勇,赵丹丹.中小学教职工编制的政策分析与路径探析[J].教育研究,2016,37(02).
④ 周兆海,邬志辉.工作量视角下义务教育教师编制标准研究——以农村小规模学校为例[J].中国教育学刊,2014(09).
⑤ 徐刚.事业单位人员编制标准:取向、机制及策略[J].中国人民大学学报,2010(05).
⑥ 曾湘泉,史珍珍,宋洪峰.我国事业单位机构编制标准制定中的问题[J].中国行政管理,2015(03).
⑦ 李廷洲,等.我国教职工编制改革的关键问题与政策建议[R].上海:华东师范大学国家教育宏观政策研究院,2019.

为,中小学教师编制管理涉及的编制、人社、财政部门与教育行政部门职能交叉,造成"用人"与"治事"的割裂①,导致编制核定滞后、有编难补等突出问题②。编制管理中出现了地方本位主义的倾向。③ 由于学校的编制管理权限缺失,在编教师实质上缺乏退出机制,在各地不同程度地出现了在编人员评上高级职称后职业倦怠、退居二线等现象④,降低了编制资源的使用效益。第三类研究关注教师配备制度的国际比较。研究发现,多数国家公共服务机构实行人事计划管理,相关的人员聘用要在决策部门批准的限度内进行⑤,由中央政府依据教职工实际工作量制定配备标准⑥,各级地方政府据此实行动态管理,所需经费由各级政府依据财力共担。⑦ 很多国家出现了人员冗余的问题,对此,多采取提前退休、转岗培训等举措精简人员⑧,还出现了向社会购买学校后勤服务的趋势⑨。第四类研究讨论教师编制的改革思路,又可以进一步分为两类。一是在现有框架内完善编制标准和管理体制机制,构建基于工作量的编制标准⑩,设置机动编制、附加编制等⑪,强化教育行政部门和学校在编制资源配置中的职能⑫,在"县管校聘"制度框架内实施无校籍管理,加强编制制度的灵活性⑬。二是通过渐进式的改革,系统的制度设计逐步淡化编制的人事管理功能,营造"弱编制"的制度环境,依托教师聘任制度实现人事管理功能。⑭

这些研究对中小学教职工编制制度做了较为深入的分析,也提出了诸多具有启发性的观点。不足之处在于,由于缺乏理论上的抽象,致使多数研究陷入对具体现象和问题的分析,对编制制度的演变发展和深层矛盾未能提出具有解释力的理论分析框架。本研究以此为着力点,致力于在实证研究的基础上,从理论上解释编制制度中存在的矛盾及其演变规律,并提出相应的治理思路。

---

① 教育系统人力资源配置与学校编制管理课题组.教育系统人力资源配置与学校编制管理研究[M].北京:北京师范大学出版社,2009:139.
② 柳丽娜,朱家存.中小学教师编制城乡统筹研究[J].教育与经济,2009(04).
③ 杨卫安,袁媛.义务教育教师编制"市域调剂"的障碍与改革思路[J].中国教育学刊,2019(08).
④ 李廷洲,薛二勇,赵丹丹.中小学教职工编制的政策分析与路径探析[J].教育研究,2016,37(02).
⑤ 李建忠.国外公共服务机构人事管理的比较与借鉴[J].中国人事管理,2007(10).
⑥ 教育系统人力资源配置与学校编制管理课题组.教育系统人力资源配置与学校编制管理研究[M].北京:北京师范大学出版社,2009:326 - 351.
⑦ 戴家干.从日本教育人力资源配置看教师编制管理的特点[J].比较教育研究,1999(01).
⑧ 余天心,王石生.政府行政人员编制与管理费用的国际比较[J].财政研究,1998(07).
⑨ 教育系统人力资源配置与学校编制管理课题组.教育系统人力资源配置与学校编制管理研究[M].北京:北京师范大学出版社,2009:299 - 311.
⑩ 刘善槐,邬志辉,史宁中.我国农村学校教师编制测算模型研究[J].教育研究,2014(05).
⑪ 金志峰,庞丽娟,杨小敏.编制约束下的中小学教师队伍建设困境与政策改进策略[J].中国教育学刊,2017(07).
⑫ 李廷洲,等.我国教职工编制改革的关键问题与政策建议[R].上海:华东师范大学国家教育宏观政策研究院,2019.
⑬ 朱家存,马兴.城乡教师编制管理:从无校籍走向一体化[J].教育研究与实验,2018(06).
⑭ 李廷洲,薛二勇,赵丹丹.中小学教职工编制的政策分析与路径探析[J].教育研究,2016(02).

## 二、 研究方法

本研究在全国范围内开展问卷调查和访谈。在全国 31 个省份(自治区)范围内收集到有效的校长和教师问卷 19 743 份,有效率 99.2%。其中,城镇样本 8 930 人,占 45.2%,乡村样本 10 813 人,占 54.8%;女性 14 403 人,占 73.0%,男性 5 340 人,占 27.0%;学历方面,初中及以下 1 050 人,占 5.3%,中专 6 838 人,占 34.6%,高中 1 013 人,占 5.1%,大专 4 996 人,占 25.3%,本科 5 557 人,占 28.2%,研究生及以上 289 人,占 1.5%;职称方面,无职称 2 373 人,占 12.0%,三级 628 人,占 3.2%,二级 6 678 人,占 33.8%,一级 7 742 人,占 39.2%,高级 2 311 人,占 11.7%,正高级 11 人,占 0.1%。同时,研究者在上海、山东、河南、青海、贵州、西藏、云南等 12 个地区开展专题调研,累计开展 48 场焦点集体访谈,访谈对象包括省、市、县(区)190 余位政府有关部门工作人员和校长、教师,以及中央编办、教育部的 5 位相关人员,共整理访谈记录 30 余万字。本研究将调查数据的统计分析和访谈内容的文本分析结果作为提出观点的实证依据。

## 第二节　编制制度的功能定位和价值取向

厘清编制制度的内涵属性和功能定位,正本清源,是把握编制改革客观规律、理性判断改革得失的前提和基础。在我国的学术讨论中,关于编制的内涵是一个有争议的话题。编制通常被认为主要包括五种要素,即机构的设置、机构的职能、人员的定额、职位的配置、人员配备的标准。不同的学者强调其不同的侧面,由此产生了编制内涵的"单要素说""两要素说""三要素说""四要素说""五要素说"等不同观点。[①]

在权威政策话语中,出现了"机构编制"和"人员编制",其中"机构编制"包括机构的设置、机构的职能、人员的定额、职位的配置等要素,如《中国共产党机构编制工作条例》提出了"完善机构设置""优化职能配置""统一管理……人员编制和领导职数"。人员编制特指人员总额及其种类、结构,如《中国共产党机构编制工作条例》提出"编制配备应当符合编制种类、结构和总额等规定"。在政策话语体系中,人员编制实际上是机构编制的下位概念,二者是包含关系。也有一种分类方式将机构编制称为广义的编制,将人员编制称为狭义的编制。

在教育领域的学术讨论中,一般使用"教师编制"的概念;在政策话语中一般使用"教职工编制"的概念,如 2014 年中央编办等三部委印发的《关于统一城乡中小学教职工编制标准

---

① 顾向明.机构编制法定化研究[D].北京:中国政法大学,2011.

的通知》等。本研究使用的编制概念特指教育领域的人员编制,即教职工编制。这是一种特殊的人员编制,其准确的内涵是教职工定额及其种类、结构。教职工定额即一个地区或学校应配备的教职工总数;教职工种类包括教师、职员、教学辅助人员和工勤人员[①];教职工结构即不同种类教职工的比例要求。教师编制制度的内涵决定了其功能是核定学校人员总量及其种类、结构的依据。

我国教师编制政策经过 30 多年的变迁发展,经历了不同的阶段和价值取向的变化。第一个阶段的特征是精英取向、注重效益。这个阶段,国家层面出台了两份代表性的政策文件,分别是 1984 年教育部颁发的《关于中等师范学校和全日制中小学教职工编制标准的意见》和 2001 年中央编办、教育部、财政部出台的《关于制定中小学教职工编制标准的意见》,各地也相应出台了 100 余份的政策文件。通过政策文本的计量分析,这个阶段的编制政策注重优先满足城区学校、重点学校的师资需要,编制核定标准和编制管理向城区学校和重点学校倾斜。[②] 第二个阶段的标志性事件是 2013 年 3 月时任国务院总理李克强在会见采访十二届全国人大一次会议的中外记者时提出本届政府任期内财政供养人员只减不增的承诺[③],并在 2014 年的政府工作报告中进行了重申[④]。此后,严控总量成为包括教职工编制在内的编制政策的刚性要求。2014 年,中央编办、教育部、财政部印发《关于统一城乡中小学教职工编制标准的通知》,将上述要求体现在具体的政策文件中。2018 年,《中共中央国务院关于全面深化新时代教师队伍建设改革的意见》提出创新和规范中小学教师编制配备,并提出了相应的具体政策要求。至此,我国教师编制政策的顶层设计已经明晰,其主要的特点可以概括为四个方面。一是严控总量,提高效益。保证编制数不突破 2012 年底的数量,在现有编制存量范围内通过挖潜创新提高使用效益。二是优先发展。盘活事业单位编制存量,向教师队伍倾斜,优先保障教育发展需要。三是促进公平。实施城乡统一的编制标准,同时向乡村小规模学校倾斜。四是规范管理。严禁挤占、挪用、截留编制和有编不补等行为。

## 第三节　教师编制在实践中存在深刻矛盾

教师编制在实践中发挥了重要作用,推动了事业进展,形成了兼具政策统一性和灵活针

---

① 2001 年中央编办、教育部、财政部《关于制定中小学教职工编制标准的意见》对教职工的种类做了明确的说明,即中小学教职工包括教师、职员、教学辅助人员和工勤人员。教师是指学校中直接从事教育、教学工作的专业人员,职员是指从事学校管理工作的人员,教学辅助人员是指学校中主要从事教学实验、图书、电化教育以及卫生保健等教学辅助工作的人员,工勤人员是指学校后勤服务人员。

② 李廷洲、薛二勇、赵丹丹.中小学教职工编制的政策分析与路径探析[J].教育研究,2016,37(02).

③ 赵婀娜.李克强总理等会见采访两会的中外记者并回答提问[N].人民日报,2013 - 03 - 18.

④ 李克强.政府工作报告[N].人民日报,2014 - 03 - 06.

对性的编制标准,编制核定、动态调整等体制机制建设也取得重要进展。但是,教师编制制度在实践中仍存在突出的矛盾。

## 一、 关于编制总量余缺的认识存在对立

编制总量是否充足,是影响编制制度的根本问题。但是对这个问题的认识存在严重分歧。

一方面,从全国范围的统计数据和各地区的编制数据来看,并不存在缺编问题。2020 年全国小学教职工数与在校生数之比约为 1∶17.98,初中为 1∶10.91,普通高中为 1∶8.46[①],按照师生比的有关规定匡算,均符合相关标准[②]。调研中各地编制管理部门也普遍反映,教师编制配备是充足的,甚至出现了超编现象。如西部某省初中编制数与在校生数之比为 1∶13.31,小学为 1∶17.8,符合国家和当地的编制标准,编制配备充足;中部某市共有公办中小学在校生 526 113 人,按照当地编制标准应核编制 32 606 个,实际核定 37 167 个,与编制标准相比多核编制 4 561 个;东部某省中小学教职工总量为 85.5 万人,按照当地编制标准核算,超编 8.61 万人。

另一方面,又有很多实证研究表明,学校教育实践中出现了突出的编制紧缺问题[③],无法充分满足教育教学工作的需要,这也导致一些地方出现了大量的临聘教师[④]。这种观点也可以从宏观统计数据中获得支撑。近年来,我国基础教育事业快速发展,中小学在校生和教师规模稳步增长。2020 年,全国共有中小学在校生 1.81 亿人,比 2012 年增长约 1 209 万。中小学专任教师 1 222.8 万人,比 2012 年增加约 154 万。但在"财政供养人员只减不增"的刚性约束下,编制数并未增加。快速增长的教师、学生规模与有限的编制供给之间出现尖锐矛盾。此外,2020 年我国小学专任教师中女性占比约 71.2%,教师职业对女性更具吸引力[⑤],受近年来人口政策变化的影响,大量女教师休产假也进一步加剧了学校编制紧缺的感受。

## 二、 关于编制总量矛盾的归因存在分歧

关于编制总量的余缺无法取得共识,于是产生了一种折中的观点——"总量超编,结构

---

① 根据《2020 年全国教育事业发展统计公报》相关数据计算得出。

② 2015 年,中央编办、教育部、财政部出台的《关于统一城乡中小学教职工编制标准的通知》要求,小学教职工与学生比为 1∶19,初中为 1∶13.5,高中为 1∶12.5。

③ 邬志辉,陈昌盛.我国义务教育阶段教师编制供求矛盾及改革思路[J].教育研究,2018(08);刘善槐,等.农村教师编制制度改革研究[J].中国教育学刊,2019(01).

④ 安雪慧.中小学临聘教师的管理困境与突破路径[J].教育研究,2020(09).

⑤ 李廷洲,吴晶,郅庭瑾,等.国家教师发展报告(2019)[M].上海:华东师范大学出版社,2020:116.

性缺员"，即教师编制在总量上是充分的，但在部分区域、部分学校、部分学科存在结构性的教师缺口。由此引发了第二个问题，即造成这种矛盾现象的原因是什么？但这个问题也存在分歧。

一种观点认为这种矛盾源于编制使用效益不高，是教育系统内部的管理问题而非编制制度的问题。当前编制制度在实践中缺乏合理的退出机制，现有政策对于不胜任教学工作的教师缺乏统一的界定标准，未能形成健全的退出程序。同时，对在编教师缺乏有效的激励机制。在绩效工资制度下，岗位职称工资占比较高，课时量对教师收入的影响较小，激励机制的不健全造成一些评上高级职称的教师并没有承担应有的工作量，影响编制使用效益。[①]特别是教师职称缺乏能上能下的动态调整机制，教师一旦聘任高级岗位，便终身享受相应待遇，职称制度也无法有效激励教师。问卷数据表明，60.9%的校长表示本校没有建立起能上能下的岗位动态调整机制，仅有12.9%的校长表示学校会对考核不合格的教师采取相应的措施。调研中发现了两个有代表性的本土概念。一位省级教育行政部门的被访者将中小学教师的工作状态形象地概括为"三个千方百计"："先是千方百计地进入事业编制，然后千方百计地评上高级职称，最后千方百计地不上课。"另一位校长将其称之为"后高级现象"，即"教师聘上高级岗位就出现职业倦怠，以各种理由不上课或者少上课"。

另一种观点认为这种矛盾源于编制制度无法适应教育改革发展提出的新要求。首先，各类教育改革对师资配备提出更多需求，原有编制标准无法有效地满足这些需求。在课程改革、中考改革和高考改革等新形势下，课程数量的增加、课程内容的更新、选课走班制度的推行都对师资配备提出更多需求，对传统编制标准产生冲击。为落实国家"开齐课程"要求，农村学校对音体美学科教师有迫切的需求。问卷数据表明，除历史学科外，乡村学校各学科教师短缺程度均远高于城市学校。乡村学校校长认为学校音乐、体育、美术、劳动技术等学科教师短缺的比例均接近或超过九成。其次，城镇化背景下，学龄人口分布大幅调整，导致城市学校教师规模不断扩张，乡村学校规模、班级规模快速缩小，但班级数减少的速度较慢，教师规模不能同步减少，这也对编制制度提出挑战。与2012年相比，2020年全国城市初中和小学在校生数量分别增长32.1%和56.3%，城市初中和小学班级数量分别增长42.4%和64.6%，城市初中和小学专任教师数量分别增长42.9%和52.8%，对教师编制需求不断增加；乡村学校生源减少、班额变小，但班级数变化相对较小，与2012年相比，2020年全国乡村初中和小学在校生数量分别减少34.5%和32.9%，但班级数量和专任教师数量降幅相对较小（初中班级减少26.8%、小学减少25.5%；初中专任教师减少28.9%、小学减少26.3%），对教师编制的需求并未同幅度降低。

---

① 李廷洲，陆莎，金志峰.我国中小学教师职称改革：发展历程、关键问题与政策建议[J].中国教育学刊，2017(12).

## 三、 地方政府之间、政府部门之间存在竞争博弈

《中共中央国务院关于全面深化新时代教师队伍建设改革的意见》提出,"加大教职工编制统筹配置和跨区域调整力度,省级统筹、市域调剂、以县为主,动态调配"。但在实践中,跨区域调剂教师编制涉及地方政府利益,难以有效推进。教师编制跨区域流动的背后是财政经费的调整,涉及流出地区的地方利益,很难真正推动。这在中央财政转移支付比例较高的西部地区尤其突出。正如访谈中一位省级教育行政部门的工作人员所说,"有一个县编制富余,我们想统筹一部分到市里,但县长就坚决反对,说'除非我不干了'"。相关研究也印证了该观点,发现在教师编制"市域调剂"的试点地区,教师编制被调出县明确表示了反对。[①]

另外,教师编制在核定、调配等环节涉及编制管理部门和教育行政部门的跨部门合作,教师编制改革需要编制管理部门放权。但实践中各部门都有相关的规章制度,遵循各自的逻辑规则,协同合作并不顺畅。调研中一位省级教育行政部门的被访者表示,"编制部门核定总数,具体分配的事放到教育部门来管,这件事我们省里推了很多年了。现在省一级编制部门基本想通了,但是县里还是不行,不愿意放弃这个权力"。

## 四、 个体认知与制度定位之间存在矛盾

一方面,编制制度因其具有稳定性和福利性,成为教师职业吸引力的重要来源,调查中92.2%的教师认为工作的稳定性是选择教师职业的原因。编制具有稳定性,加之大量地区采取实名制的管理方式,使得编制成为一种具有身份属性的符号。教师一旦纳入事业编制,便有了"单位人""铁饭碗"等观念,且这种观念深入人心。在此背景下,地方政府和学校往往无法真正推行退出制度,造成实际上的职务终身制。

另一方面,如前文所述,关于编制的内涵和功能从未出现过身份属性,实名制的管理方式也是为了推动管理的规范性,防止人员无序膨胀,避免"吃空饷"等问题。[②] 且在事业单位聘任制改革的大背景下,教师与学校的关系是聘任关系,《事业单位人事管理条例》明确了事业单位人事管理实行聘用制度。截至 2020 年底,包括中小学在内的事业单位聘用制度推行基本实现全覆盖,合同签订率超过 96.0%。[③] 因而在制度设计上,教师编制与个体身份和工

---

① 杨卫安,袁媛.义务教育教师编制"市域调剂"的障碍与改革思路[J].中国教育学刊,2019(08).

② 刘为民,游博.机构编制实名制的管理学分析[J].中国行政管理,2007(03).

③ 中华人民共和国人力资源和社会保障部.2020 年度人力资源和社会保障事业发展统计公报[EB/OL].(2021 - 06 - 03)[2022 - 01 - 02].http://www.mohrss.gov.cn/SYrlzyhshbzb/zwgk/szrs/tjgb/202106/t20210604_415837.html.

作稳定性等无关。

## 第四节　教师编制的多重属性

编制制度的功能是合理地确定机构人员规模及其种类、结构,引导机构发展方向和定位,防止人员和岗位冗余,提高效率。但在发展变迁过程中引发了广泛争议,演变成各地区、各部门、各群体博弈的焦点,以及身份的象征和待遇的保障。这些矛盾冲突被政府、学校、教师和研究者广泛地感知到,对实践产生了深刻影响,但是始终无法解决,从而陷入治理困境。要解决这些问题迫切需要理论创新,明晰编制的属性规律,并从理论层面审视编制实践中的矛盾冲突,进而提出相应的政策思路。

### 一、 作为政治资源的教师编制

2019 年 8 月,《中共中央关于印发〈中国共产党机构编制工作条例〉的通知》明确指出,"机构编制资源是重要政治资源、执政资源,机构编制工作是党的重要工作"。编制是决策部门决定机关事业单位等公共机构功能定位、规模结构的重要政策工具。决策部门正是使用编制这一政策工具直接影响机关事业单位等公共机构的职能定位和发展方向,并根据战略需要及时调整机构的人员规模和职位配备。正如 2019 年 6 月 24 日中央政治局会议中指出的,机构编制工作在加强党和国家机构职能体系建设、深化机构改革、优化党的执政资源配置方面发挥着至关重要的作用。[①] 从这个意义上讲,教师编制是国家意志表达与执行的载体,是党领导公共教育事务的政治资源和执政资源,也是教育领域全面加强党的领导的关键着力点。尤其我国中小学教职工队伍规模庞大,占地方在职财政供养人员的比例达到了 29.2%[②],更加凸显了其重要意义。

### 二、 作为行政资源的教师编制

编制是教师聘任、职称岗位设置、人员经费配置的制度基础,也是事业单位社会保障的前提,是教师管理事权的核心。对地方政府及各有关的政府部门而言,编制是稀缺的行政资源。

---

[①] 习近平主持中共中央政治局会议审议《中国共产党机构编制工作条例》和《中国共产党农村工作条例》[EB/OL].(2019 - 06 - 24)[2022 - 01 - 02].http://www.gov.cn/xinwen/2019 - 06/24/content_5402803.htm.
[②] 李廷洲,薛二勇,赵丹丹.中小学教职工编制的政策分析与路径探析[J].教育研究,2016,37(02).

在我国,编制具有明显的属地特征,是地方政府的重要行政资源。上级机构编制管理部门根据特定的标准为下属区县核定人员编制数。对于区县而言,辖区内核定的编制是师资配置的前提,也是人员经费、社会保障的基础,是稀缺的行政资源。尤其在西部地区,其财政经费中的相当一部分来自中央财政转移支付。这些区县经济社会发展水平较低,财政支付能力弱,人员经费是财政支出的主体部分,也有研究将其形象地称为"吃饭财政"。① 对这些区县来说,编制在很大程度上就意味着转移支付的经费,是地方政府的核心利益。正因如此,虽然《中共中央国务院关于全面深化新时代教师队伍建设改革的意见》已经明确提出"加大教职工编制统筹配置和跨区域调整力度,省级统筹、市域调剂、以县为主",但实践中地方本位主义问题很突出,教师编制的跨区域统筹配置面临很大的阻碍。

同时,编制管理还具有跨部门的性质,是政府部门的重要行政资源。编制虽由编制部门统筹负责,但编制又涉及各类机构,这些不同类型的机构分属不同的部门负责,因而编制管理涉及广泛的政府跨部门合作。如公立学校的编制管理涉及编制管理部门和教育行政部门的合作,公立医院的编制管理涉及编制管理部门和医疗卫生行政部门的合作,等等。对各个政府部门来说,编制管理权限都是重要的权力和行政资源,是各部门对学校和教师产生影响的关键载体,因而也是各个部门博弈的焦点,如前文所述,在实践中出现了广泛的跨部门合作困境。作为行政资源,教师编制受到各地方政府以及政府部门的高度关注,从而引发了政府间的竞争博弈。

### 三、 作为符号资本的教师编制

符号资本是布迪厄(Pierre Bourdieu)提出的概念,是指建立在认可逻辑基础上的名声、特权、荣誉或神圣性的累积,可被理解为一种受到社会认可的,能够再生产和长期积累的荣誉、特殊性或神圣性等以符号化方式存在的稀缺资源。② 布迪厄认为符号资本是经济资本、社会资本、文化资本的表现形式,但又是相对独立的,可以与其他资本并列为第四种资本。例如一个人的身份、财富、社会地位、头衔等,一旦获得了社会的共识和认可,获得了"合法性"和"正当性",便具备了符号资本的属性。③ 这种建立在认可基础上的合法性和正当性,是符号资本区别于其他资本的关键。

对教师个体而言,编制是实名化的,一旦进入事业编制其工作便具备高度的稳定性和福利性。编制与教师的工资收入、晋升机会、退休待遇、社会保障、子女受教育机会、职业稳定

---

① 郑祖玄,周晔.吃饭财政与政府债务[J].生产力研究,2007(12).
② 王屯,闫广芬.符号资本在大学社会评价中的作用探析[J].清华大学教育研究,2010(03).
③ 王惠芬,张霞.符号资本视角下导师对研究生的培养效应探析[J].研究生教育研究,2017(04).

性等诸多因素捆绑在一起。这些属性赋予了在编教师特定的社会地位、声誉和稳定的发展预期。一位受访校长提到，"年轻人找对象都要找编制内的"。编制带来的符号意义获得了社会的普遍认可，具备广泛的正当性和合法性，从而使编制成为一种符号资本。

教师编制的符号资本属性为教师职业赋予了稳定性、福利性和身份属性，同时使这些认识成为政府官员、学校、教师本人和社会成员的共识，这也是多数教师选择从教的重要原因。但是，这种符号属性也是导致编制功能泛化、使用效益不高的重要原因。

## 四、 作为公共资源的教师编制

教师编制是服务于教育这一公共事务的制度安排，其成本由公共财政负担，收益由全社会共享，具有正外部性和非排他性。而且编制的存量是有限的，存在竞争性。这种正外部性、非排他性和竞争性，使得编制具备了公共资源的性质。[1]

亚里士多德（Aristotle）曾经指出，凡是属于最多数人的公共事务常常是最少受人照顾的，人们关怀着自己的所有，而忽视公共事务。[2] 公共资源的治理问题是公共政策的一大难题，往往陷入"公地悲剧""囚徒困境""集体行动困境"。传统的解决方案是市场的私有化和政府的集中管理，但市场机制在公共资源配置上常常出现市场失灵，政府管理又会出现信息不对称、效率低下等问题。对教师编制的治理而言，也面临这种问题：政府管理出现了诸多部门合作困境，编制核定滞后、调整困难等低效问题；政府部门尤其是编制管理部门无法实时掌握学校的师资需求，信息不对称的问题也同样严峻；如果政府不加约束，又很容易导致机构臃肿、人员冗余的问题。

奥斯特罗姆（Elinor Ostrom）从研究五千多个小规模公共池塘资源案例出发，应用制度分析与经验分析的方法，证明了政府与市场之外的第三条道路的存在，即公共资源的共享者们可通过"自主组织"实现有效的治理。[3] 因而，在"公有"和"私有"之间存在着一种治理模式，也就是公共资源自主组织和自主治理。对于彼此十分了解、经常沟通并且建立了信任和依赖感的共同体而言，人们通过相互交流和博弈，常常能够找到解决"公地悲剧"的制度安排，能够使所有人面对搭便车、规避责任或者其他机会主义行为诱惑时取得持久的共同利益。但是实现自主组织治理需要一些条件，主要包括：建立信任和共同体观念，能够确定值得信任的人，并找到恰当的方式来解决新制度供给的问题；清晰界定的权责边界；建立适当的冲突解决机制；由组织成员自主监督，并建立分级的惩戒机制；组织受到外部权威的认可，

---

① 张克中.公共治理之道：埃莉诺·奥斯特罗姆理论述评[J].政治学研究，2009（06）.
② ［古希腊］亚里士多德.政治学[M].吴寿彭，译.北京：商务印书馆，1983：48.
③ 张克中.公共治理之道：埃莉诺·奥斯特罗姆理论述评[J].政治学研究，2009（06）.

并且内部决策过程体现民主决策等。[①] 总之,一个组织有可能建立一套运作良好的规则,实现组织的自主治理,而且这种治理逻辑是自洽的,能够很好地克服"公有"和"私有"的二元对立和局限性,实现资源的高效利用和组织的持续发展。

## 第五节　教师编制的理论分析框架与治理思路

对教师编制而言,公共资源的分析框架具有更强的解释力,但其对不同利益相关方而言,又表现出了特定的属性:对执政党而言,教师编制是党领导公共教育事务的政治资源和执政资源;对政府部门而言是代表权力和利益的行政资源;对教师群体而言是象征身份、地位的符号资本。由于教师数量众多,有意从事教师职业者众多,因而在实践和舆论场中,教师编制作为符号资本的感知最为强烈。这些属性可以很好地解释编制实践中存在的诸多矛盾。

推动教师编制的有效治理,应清晰地认识到其多重属性,并按照特有规律综合施策:坚持制度自信,充分发挥编制作为执政资源的功能;坚持制度定位,回归教师编制"核定学校人员总量及其种类、结构的依据"的制度初心,剥离其人事管理功能;依据行政资源的治理规律,理顺政府部门间的权责关系和工作机制;依据公共资源的治理规律,充分授权学校依托聘任制度自主建立和完善规则、建立信任和共识,完善监督约束机制,实现学校的自主组织治理。同时,不能忽略编制作为符号资本的积极价值,保障教师的职业地位和工作预期。(见图 7 - 1)

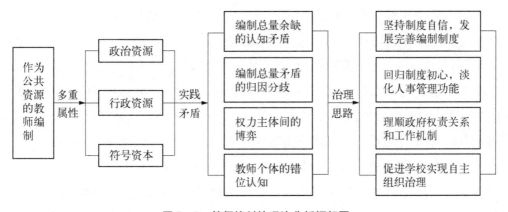

**图 7 - 1　教师编制的理论分析框架图**

第一,坚持制度自信,不断发展完善中小学教师编制制度。教师编制是党领导公共教育事务的政治资源和执政资源,也是全面加强党对教育事业领导的关键着力点。同时,学校作为公共财政拨款单位,需要一种制度来确定其人员规模,否则容易出现冗余,在中国,这种制

---

① 张克中.公共治理之道:埃莉诺·奥斯特罗姆理论述评[J].政治学研究,2009(06).

度就是编制制度。编制制度在中国有着悠久的历史,历代封建政府对员额编制都有比较明确的规定。[①] 另外,编制是教师职业吸引力的重要来源,是吸引优秀人才从教尤其是到中西部地区、乡村地区从教的重要原因。虽然实践中出现了诸多矛盾,但教师编制制度在中国的教育土壤中经历了长期的发展完善,凝聚了中国教育者的智慧,发挥着重要功能。我们应坚持制度自信,并不断分析、解决实践中出现的矛盾问题,促进其不断发展完善。

第二,回归教师编制的制度初心,将其定位为确定人员总量及结构的依据,淡化其人事管理功能。逐步将社会保障、工资收入、岗位设置等与编制制度脱钩,将教师聘任制度作为教师人事管理的制度基础。规范教师聘任制度,明确教师聘任的条件、程序以及教育行政部门、学校、教师各方权责关系,强化聘任制度在教师人事制度中的作用和功能。完善能进能出的动态调整机制,以聘任合同内的岗位职责作为考核依据,对所有教师进行考核评价,不断提升教师的专业水平和岗位胜任能力。实际上,实践中经常出现的"员额制""总量管理"等实践模式,与其说是对编制制度的创新,不如说是对编制制度的回归。

第三,理顺政府部门的权责关系和管理运行体制机制,形成教育行政部门统筹负责、综合部门协调配合、学校自主治理的体制机制。县级编制部门负责制定编制标准、核定编制总量,人社部门负责核定岗位总量,教育部门负责在总量内统筹师资配置。将中小学教师编制核定的周期缩短至一年,动态适应学龄人口的增减变化。

第四,促进学校在聘任制框架内自主完善治理规则,建立激励约束机制,提高编制使用效益,实现自主组织治理。在教师聘任、收入分配、职称评聘等人事权力上向学校充分授权,促使学校实现自主组织治理。目前,已经出现了越来越多的创新经验。山东省潍坊市从2015年全面实施改革,将教师招考面试权、岗位聘任权、绩效工资分配权、考核评价及评优权、中级职称评审权等事项全部下放到学校。四川省成都市武侯区自2014年起实施"教师自聘、管理自主、经费包干"(简称"两自一包")学校管理体制改革,学校自主聘任教师;学校对绩效工资分配、教师岗位设置等实施自主管理;区财政参照公办学校办学成本对改革学校划拨办学经费,学校包干使用。这些改革实践的一个共同之处是充分授权学校自主行使人事权力,形成学校内部自主运行的监督约束和激励机制。这些改革具有很大的政策价值,应加以挖掘和推广。同时,不能忽略编制作为符号资本的积极价值,不断提高教师收入,改善工作环境,畅通职业发展空间,保障教师的职业地位,稳定教师工作预期。

---

[①] 朱伟华,邱永明.中国古代封建国家机构编制原则与立法[J].华东师范大学学报(哲学社会科学版),1998(05).

# 第八章 基础教育师资配置标准政策变迁的制度逻辑[①]

基础教育师资配置标准即中小学教师编制标准。教师编制是由国家人事部门核定的中小学教职工身份的象征和标识,是教师依法获取工资、津补贴、社会保险和相关福利等合法权益和待遇的基本路径。科学合理的编制标准是保障教育事业有序和健康发展的基本前提和重要保障。但是,一方面,从我国基础教育发展现状来看,教师编制标准整体较低,且偏向城市,城乡倒挂现象严重,由此导致农村偏远地区村小、教学点的教师数量不足,难以满足农村中小学基本教学和学校运转需要;另一方面,我国教育发展正在从"有学上"到"上好学"的方向转变,教育公平的呼声也从机会公平转向过程公平,满足学生的个性需求,实现每个学生的个性发展与全面发展成为教育改革与发展的终极目标,而现行单纯以学生数量为标准的教师配置标准政策难以支撑从教育大国向教育强国的迈进。因此,从政策变迁的角度考察我国基础教育师资配置标准,对于完善我国中小学教师资源配置,充分支撑我国教育发展的促进公平和提高质量的两大战略任务具有重要的现实意义。

## 第一节 历史制度主义的理论分析框架

历史制度主义既是当代西方以经验为基础的政治科学的主要分析范式之一,也是新制度主义政治学内部的一个重要流派,主要运用历史的研究范式对制度进行研究。彼得·豪尔(Peter Hall)和罗斯玛丽·泰勒(Rosemary Taylor)提出了历史制度主义的四个特征。一是历史制度主义注重从相对广泛的意义上界定制度与个人行为之间的相关关系,二是历史制度主义强调制度的运作和产生过程中权力的非对称性,三是历史制度主义对制度的形成和发展过程的研究强调路径依赖和意外后果,四是将制度分析和能够产生某种政治后果的其他因素整合起来进行研究。[②] 本研究将采用制度的深层结构变迁和历史变迁两个视角进行分析。

---

[①] 原文刊载于《教育研究》2015 年第 10 期,内容略有改动。

[②] 何俊志,任军锋.新制度主义政治学译文精选[M].天津:天津人民出版社,2007:47-49.

## 一、 制度的深层结构变迁

历史制度主义将理性主义中的"行动者"和结构主义中的"深层结构"联结起来,构建起一种宏观结构—中层结构—微观行动者的制度解释框架。为此,需要寻找制度背后更具普遍意义的基本因素即制度的深层结构,并用这些基本因素解释特定的、复杂的制度现象。历史制度主义通常将制度与其他因素定位于因果链中,社会经济的发展程度和观念的分布状况也是其重点考虑的因素。[①] 国家宏观制度环境、政治过程中各行为主体的利益等制度的深层结构影响着社会特定领域内的制度选择和制度结构。[②]

## 二、 制度的历史变迁

制度的历史变迁主要强调制度变迁的路径依赖和变迁类型。路径依赖是指人们一旦选择了某个体制,学习效应(Learning Effect)、协调效应(Coordination Effect)、适应性预期(Adaptive Effect)以及既得利益约束等因素的存在,会使该体制沿着既定的方向不断得以自我强化。制度变迁遵循报酬递增和自我强化机制。这种机制使制度变迁一旦走上了某一条路径,它的既定方向会在以后的发展中得到自我强化。沿着既定的路径,经济和政治制度的变迁可能进入良性循环的轨道,迅速优化;也可能顺着原来的错误路径往下滑;弄得不好,它还会被锁定在某种无效率的状态之下。变迁类型包括渐进式变迁和决裂式变迁,前者是指在旧制度框架内的渐进式变迁,后者是指与旧制度的彻底决裂。

## 第二节 基础教育师资配置标准的政策变迁历程

改革开放以来,以教师编制标准为核心代表的师资配置标准政策经历了三次改革。一是以 1984 年教育部颁发的《关于中等师范学校和全日制中小学教职工编制标准的意见》为代表,以班师比为师资配置标准,且城镇小学教师配置标准高于农村小学,初中与高中教师配置标准城乡统一。二是 2001 年国务院办公厅转发的由中央编办、教育部、财政部共同制定的《关于制定中小学教职工编制标准的意见》,师资配置标准由班师比变为生师比,小学、初中和高中教师编制标准城乡倒挂现象突出。三是 2010 年《国家中长期教育改革和发展规划纲

---

[①] Hall P A, Taylor R C. Political Science and the Three New Institutionalism[J]. Political studies, 1996(4).

[②] 周光礼.公共政策与高等教育[M].武汉:华中科技大学出版社,2010:123.

要(2010—2020年)》，"逐步实行城乡统一的中小学编制标准，对农村边远地区实行倾斜政策"。以关键事件为标志，将师资配置标准政策改革历程分为以下三个阶段。

## 一、城乡均衡导向下班师比师资配置标准（1984—2000年）

改革开放初期，为适应四化建设对教育发展提出的新要求，需进一步调动中小学教师工作的积极性，提高工作效率。在此背景下，教育部研究起草了中小学教职工编制标准讨论稿，经多方征求意见，研究讨论，但由于中小学涉及面较广，地区间差别较大，难以确定适应这种差别的编制标准而没有颁布。教育部只发布了《中等师范学校和全日制中小学教职工编制标准参考表》供各地研究制定标准时参考。文件明确要求中小学教职工编制以校为单位按班计算（包括单设和合设），每班的学生人数，按照学校服务半径内的学生来源确定。规模大、条件好的学校适当紧些；规模小、条件差的学校要适当宽些。牧区、山区、湖区和海岛等人口稀少地区的每班学生数，可按实际情况适当减少或举办复式班。自此以后的近20年间，我国基础教育师资配置标准为班师比，即在班额标准范畴下，每个班级配备一定数量的师资。

表8-1 1984年师资配置标准

| 学校类型 | 城　镇 | | | 农　村 | | |
|---|---|---|---|---|---|---|
| | 平均班额 | 每班平均教职工数 | | 平均班额 | 每班平均教职工数 | |
| 高中 | 45—50 | 4 | 2.8 | 1.2 | 45—50 | 4 | 2.8 | 1.2 |
| 初中 | 45—50 | 3.7 | 2.5 | 1.2 | 45—50 | 3.5 | 2.5 | 1.0 |
| 小学 | 40—45 | 2.2 | 1.7 | 0.5 | 30—35 | 1.4 | 1.3 | 0.1 |

## 二、城市优先导向下生师比师资配置标准（2001—2009年）

改革开放以来，我国基础教育取得了辉煌成就。基本普及九年义务教育和基本扫除青壮年文盲（简称"两基"）的目标初步实现，素质教育全面推进。但我国基础教育总体水平还不高，发展不平衡，一些地方对基础教育重视不够。进入新世纪，基础教育面临着新的挑战，改革与发展的任务仍十分艰巨。2001年5月29日颁布的《国务院关于基础教育改革与发展的决定》提出："加强中小学教师编制管理。中央编制部门要会同教育、财政部门制定科学合理的中小学教职工编制标准。省级人民政府要按照国家有关规定和编制标准，根据本地实际情况,制定本地区的实施办法。各地要核定中小学教职工编制,规范学校内设机构和岗位设置,加强编制管理。对违反编制规定擅自增加教职工人数的,要严肃处理。"2001 年国务院办公厅转发的由中央编办、教育部、财政部共同制定的《关于制定中小学教职工编制标准的意见》提出,师资配置标准由班师比变为生师比,小学、初中和高中教师编制标准城乡的差异,以及整体从紧的原则,政策中多用"不超过"的表述方式。

表 8-2　2001 年师资配置标准

| 学　校　类　别 | | 教职工与学生比 |
|---|---|---|
| 高　中 | 城　市 | 1:12.5 |
| | 县　镇 | 1:13 |
| | 农　村 | 1:13.5 |
| 初　中 | 城　市 | 1:13.5 |
| | 县　镇 | 1:16 |
| | 农　村 | 1:18 |
| 小　学 | 城　市 | 1:19 |
| | 县　镇 | 1:21 |
| | 农　村 | 1:23 |

(表中"城市"指省辖市以上大中城市市区,"县镇"指县(市)政府所在地城区)

## 三、 城乡统一取向下生师比配置标准（2010 年至今）

随着教育事业的进一步发展,在教育普及水平大幅提高,人人都能上学的背景下,社会各界对教育公平的呼声越来越强烈。而长期实行城乡二元结构导致城乡教育差距成为政府和学界的核心关注点。2010 年,《国家中长期教育改革和发展规划纲要(2010—2020 年)》明确规定:"逐步实行城乡统一的中小学编制标准,对农村边远地区实行倾斜政策。"2012 年 9 月颁布的《国务院关于深入推进义务教育均衡发展的意见》提出:"各地逐步实行城乡统一的中小学编制标准,并对村小学和教学点予以倾斜。合理配置各学科教师,配齐体育、音乐、美术等课程教师。"《国务院关于加强教师队伍建设的意见》再次强调:"逐步实行城乡统一的中小学教职工编制标准,对农村边远地区实行倾斜政策。"随着国家政策取向的不断明晰,基础教育师资配置标准向城乡统一的新阶段迈进。这一时期最大的变化是城乡统一师资配置标准,实施了近 30 年的城乡差别师资配置标准政策走向终结。

## 第三节　我国基础教育师资配置标准制度的深层结构变迁

作为教育公共政策重要组成部分的师资配置标准制度当属社会公共政策的范畴,是政府配置教育资源的一项公共政策,必然受到国家宏观制度的影响和制约。从上文中阐述的三次大的变革历史可以看出,教师资源配置标准制度受到当时国家政治、经济等宏观环境的影响。

### 一、 精简效能的政治体制改革决定了师资配置标准的数量从紧

从 1976 年到 1981 年的 5 年中,国务院工作部门达到了 100 个,人员编制达到 51 000 人。臃肿的管理机构已不能适应改革开放和经济社会发展的需要,亟待改革。党的十一届三中全会以后,中国进入了一个新的发展时期,开始了以经济建设为中心的社会主义现代化建设新征程。为此,1982 年 3 月 8 日,第五届全国人大常委会第二十二次会议通过了关于国务院机构改革问题的决议。这次改革明确规定国务院各部门从 100 个减为 61 个,人员编制从原来的 5.1 万人减为 3 万人。[①] 1984 年,新中国第一个师资配置标准政策《教育部关于中等师范学校和全日制中小学教职工编制标准的意见》颁布。如上文所述,该文件提出了学校机构的设置原则、师资配置以学校为单位、以班师比为指标的标准。据官方统计数据,普通中学教职工由 1978 年的 391.7 万人减少到 1986 年的 355.69 万人。[②] 1993 年,《中国教育改革和发展纲要》进一步提出:"精简机构和人员,提高办学效益。要制订合理的学校人员编制标准,严格考核,精减人员,提高每一教师负担的学生人数。"1999 年,《中共中央国务院关于深化教育改革全面推进素质教育的决定》再次提出,"加强编制管理,精简富余人员"。"精简人员"连续两次出现在当时教育改革发展的最高级文件中,充分显示了师资配置政策从紧导向。2001 年,《关于制定中小学教职工编制标准的意见》提出,"要根据条件逐步进行中小学布局结构调整,精简压缩教师队伍"。由此可见,教育领域也开展了一场精简人员、提高效率的师资配置改革。

---

① 连怡.1982 年国务院机构改革的情况[EB/OL].(2010 - 09 - 25)[2015 - 01 - 22].http://www.scopsr.gov.cn/zlzx/zlzxlsyg/201203/t20120323_35156.html.

② 中华人民共和国教育部.中国教育统计年鉴[M].北京:人民教育出版社,1989.

## 二、 效率优先的发展战略决定了师资配置标准的城市中心

1978年12月18日至22日召开的中共十一届三中全会,把全党工作着重点从"以阶级斗争为纲"转移到"以经济建设为中心"的社会主义现代化建设。1993年,《中共中央关于建立社会主义市场经济体制若干问题的决定》中提出,"建立以效率优先,兼顾公平的收入分配制度,鼓励一部分地区一部分人先富起来,走共同富裕的道路"。普及义务教育的历程也体现了让一部分人先富起来的理念。针对各地经济社会及教育发展的不平衡状况,全国先以省为单位划分成"三片地区",以县为单位提出"三步走"步骤。规划提出,1996年在40%至45%的人口地区"普九"(城市和经济发展较快的农村),1998年在60%至65%的人口地区"普九"(经济发展中等人口地区),2000年在85%的人口地区"普九"(经济发展中等地区和少部分贫困地区)。①

1993年至2000年,城市化水平由28.14%上升到36.22%,城镇人口增加到4.58亿人。②基于城镇化进程的加快,农村人口不断向城市流动,农村学龄人口减少,农村教育发展呈现出学校规模缩小,学校布局分散的特征。为此,2001年《国务院关于基础教育改革与发展的决定》提出:"因地制宜调整农村义务教育学校布局。按照小学就近入学、初中相对集中、优化教育资源配置的原则,合理规划和调整学校布局。农村小学和教学点要在方便学生就近入学的前提下适当合并。"如果再按照之前的班师比进行师资配置,不易于计算和核定,教师资源的配置和使用效率低下。为适应城镇化进程的变化,2001年《关于制定中小学教职工编制标准的意见》提出了明确的师资配置标准:一是师资配置标准由过去的班师比改为生师比;二是具有明显的城乡差异,农村师资配置标准低于县镇,县镇低于城市,城市中心主义突出。如表8-2所示,城市、县镇、农村的高中教师配置标准分别为1:12.5、1:13和1:13.5;初中教师配置标准分别为1:13.5、1:16和1:18;小学教师配置标准分别为1:19、1:21和1:23。由此可以看出,教师资源的配置也被打上了深深的城市中心、效率优先的烙印。这一教师配置标准严格以师生比来核定教师数量,这样教职工的数量完全取决于在校学生的数量。这种教师编制标准存在"整体偏紧,偏重城市和城乡严重倒挂的突出缺陷"。③

---

① 张以瑾,范昀.普及教育铸伟业[N].中国教育报,2011-06-29.

② 叶剑平,张有会.改革开放后的城镇化进程.[EB/OL].(2010-03-25)[2015-02-03].http://www.qstheory.cn/ts/zxyd/byydtd/201003/t20100325_25156.htm.

③ 李影.对农村中小学教师超编现象的透视——基于对宿州市埇桥区A乡中心校校长的访谈[J].中国教师,2004(04):105-107.

新中国成立以来,各个领域均实行"以农补工,以农村支持城市"的政策和高度集中的计划经济体制,政府主导资源配置,各种资源分配均体现以城市为中心,客观上形成了城乡二元社会结构,造成了城乡经济社会发展差距大的局面。尤其是改革开放后的几十年,教育政策与制度的设计遵循效率优先、兼顾公平的价值取向,政府将有限的资源优先投入到效率高的城市。教师资源配置标准制度也难逃这一宏观背景和导向的影响和制约。

## 三、 追求公平的社会价值导向城乡统一的师资配置标准

经过改革开放 30 多年的发展,我国在经济、政治和文化等领域取得了举世瞩目的成绩,经济实力大幅提升,经济总量居世界位次稳步提升,对世界经济增长的贡献不断提高。1978年至 2008 年,我国经济总量由世界第十位上升为世界第三位,2010 年超过日本,成为仅次于美国的世界第二大经济体。[①] 教育普及程度明显提高,城乡免费九年义务教育全面实现。国民受教育程度大幅提升,6 岁及以上人口平均受教育年限由 1982 年的 5.2 年提高到 2012 年的 8.9 年。但是,收入差距的基尼系数由 20 世纪 80 年代初的 0.3 上升到 2008 年的 0.491。[②]2005 年 2 月,胡锦涛总书记在省部级主要领导干部提高构建社会主义和谐社会能力专题研讨班上的重要讲话中首次提出"在促进发展的同时,把维护社会公平放到更加突出的位置""依法逐步建立以权利公平、机会公平、规则公平、分配公平为主要内容的社会公平保障体系"。十六届五中全会提出,要"更加注重社会公平"。这是中央全会首次在其决议中对 1993年中央文件提出的"效率优先,兼顾公平"原则作出正式重要调整。2007 年温家宝总理在《关于社会主义初级阶段的历史任务和我国对外政策的几个问题》中首次将实现公平与正义和发展生产力相提并论,并作为社会主义初级阶段的两大任务。[③] 党的十七大报告多处提到"社会公平",如"教育公平是社会公平的重要基础""合理的收入分配制度是社会公平的重要体现"。此外,专门指出:"统筹城乡发展,推进社会主义新农村建设。解决好农业、农村、农民问题,事关全面建设小康社会大局,必须始终作为全党工作的重中之重。要加强农业基础地位,走中国特色农业现代化道路,建立以工促农、以城带乡长效机制,形成城乡经济社会发展一体化新格局。"由此开启了由"效率优先、兼顾公平"转向"更加注重社会公平"的社会主义建设时期。

过去城乡倒挂的师资配置标准,使得城乡教师资源的差距越来越大,差距不仅体现在教师队伍的数量上,更体现在教师队伍的质量和结构上,农村教师数量不足,难以开齐开全课程,偏远地区农村学校日常运转困难。2010 年,温家宝同志在东京接受 NHK 电视台专访时

---

① 改革开放铸辉煌,经济发展谱新篇——1978 年以来我国经济社会发展的巨大变化[N].人民日报,2013－11－06.
② 改革开放铸辉煌,经济发展谱新篇——1978 年以来我国经济社会发展的巨大变化[N].人民日报,2013－11－06.
③ 温家宝.关于社会主义初级阶段的历史任务和我国对外政策的几个问题[N].人民日报,2007－02－07.

表示："促进社会公平……首先是教育,教育公平是最大的公平。教育公平就是为人人提供同等的受教育机会,中国将继续把这件事情做好。"① 为了促进教育公平,实现城乡义务教育均衡发展,国家明确提出实行城乡统一的师资配置标准。

## 第四节 我国基础教育师资配置标准制度的历史性变迁

历史制度主义的历史分析范式旨在通过对政策过程选择、变更、替代的历史轨迹的回顾,阐明过去对现在和未来的重要影响。这一范式的分析主要包括两个维度,一是制度演进过程中的路径依赖。"制度变迁的路径依赖性,即具有正反馈机制的随机非线性动态系统存在的某种不可逆转的自我强化趋势,它使制度趋于沿着固定轨道一直演化下去,即使有更好的选择,演化路径亦很难使之改变。路径依赖是架构过去、现在和未来之间的桥梁。"② 二是制度变迁中的动力机制。制度的变革需要抓住"历史否决点",即一套制度的脆弱之处。"历史否决点"的出现通常是由于外部宏观环境发生重大变化,即特定制度背景的改变致使现行制度变迁,由此为制度变迁提供契机。

### 一、 收益递增: 基础教育师资配置标准制度的路径依赖

2001 年,《国务院关于基础教育改革与发展的决定》规定了基础教育管理体制,"在国务院领导下,由地方政府负责、分级管理、以县为主的体制"。历次国家师资配置标准政策明确要求,教师编制核定采取以县为单位的方式。因此,师资配置标准制度的执行主体为县级政府,以教师编制标准为代表的师资配置标准决定了该县的财政投入。1984 年和 2001 年的编制标准均具有从紧和城乡倒挂的特征。编制偏紧意味着投入较低,城乡倒挂正好符合行动者的追求资源配置效率的期望,这一特征恰恰降低了县级政府执行这一制度的单位成本,县级政府将有限的资源投入到基础好和发展潜力大的城市地区,带来较高的资源配置效率,因而制度继续运行的追加成本较低,使得这一总体偏紧和城乡倒挂的师资配置标准制度陷入运行的惯性。而且师资配置标准由班师比走向生师比,进一步降低了编制核定工作的难度和不可控制性,因为班师比的标准首先要在全面掌握学生数量的基础上,根据教育级别和所在地区进行划分,划分为合理的班额,再进一步计算所需要的教师编制数量,而生师比的计算方法省去了中间一步,直接根据教育阶段和所在地区计算所需要的教师编制数量。因此,这

---

① 温家宝:促进社会公平正义首先要做到教育公平[EB/OL].(2010 - 06 - 02)[2014 - 01 - 22].http://edu.ifeng. com/news/detail_2010_06/02/1576251_0.shtml.

② 吕普生.中国行政审批制度的结构和历史变迁——基于历史制度主义的分析范式[J].公共管理学报,2007(01).

种绝对数量取向的师资配置标准制度依然沿着历史的路径前进,陷入一种制度的锁定状态。

首先是学习效应。从国际范围来看,班师比、生师比是师资配置的主要数量指标,虽然师资配置标准由班师比走向生师比,并几次调整师资配置标准的价值取向,由效率优先走向注重公平,但是师资配置标准的内在逻辑始终一致,基于服务对象确定所需服务人员的数量。这充分说明路径依赖的惯性力量,按照既定路径前行成本低,风险也低。

其次是协同效应。基础教育师资配置标准制度变迁涉及中央政府、地方政府和具体学校三级部门。为适应经济社会发展战略需求,满足经济社会发展对教育发展提出的要求,以教育部为首的中央政府不断调整师资配置标准制度,但每次制度中均给予地方一定的灵活性,如1984年政策提出"关于中等师范学校和全日制中小学教职工的编制标准,可由各省、自治区、直辖市教育厅(局)自行确定并报部备案",2001年政策提出"由于我国地区差异较大,各地经济发展水平不平衡,各省、自治区、直辖市在制定中小学教职工编制标准的实施办法时,可根据本地生源状况、经济和财政状况、交通状况、人口密度等,对附表中提出的标准进行上下调节"。因此,地方政府在执行师资配置标准制度时,会充分考虑自身组织的合法性而遵循中央政府的要求,而具体学校作为师资配置标准制度的客体,其在这一过程中虽然会面临一些问题,但是在这种政府主导的资源配置中,学校只能适应,无力做出大的改观。因为制度创新意味着"实施成本""摩擦成本"等多种成本,"搭便车"成为利益相关者的习惯性选择。因此,制度创新相关主体的协同效应,使得由中央政府控制和主导的整体偏紧的师资配置标准制度变迁陷入渐进式变迁。

最后是适应性预期。制度一旦确立,相关行动者对该制度的适应性预期会增加,进而使其产生既定制度强化的习惯,多数人会由于相同的认知而导致趋同的行为模式,制度由于行动者的趋同行为得到不断强化。改革开放初期建立的班师比的师资配置标准制度,以及2001建立的生师比和进一步强化的城乡倒挂的师资配置标准制度,使行动者对既有制度产生依赖和适应性预期。这种自始至终的适应性预期,使得师资配置标准制度始终未走出基于服务对象数量的制度逻辑。

## 二、 历史否决点: 基础教育师资配置标准制度的断裂与变迁

历史制度主义认为,从变迁的幅度和程度的角度看,制度变迁主要分为渐进式制度变迁和决裂式制度变迁,前者是指在已有制度框架下的渐进式变迁,后者是与已有制度的彻底决裂。纵观改革开放以来我国基础教育师资配置标准制度的变迁历程,可以发现两种制度变迁均有体现,但仍以渐进式变迁为主。

首先是渐进式变迁。改革开放后,为适应经济社会发展需求对行政管理的需求,国务院

实行了多次以"精简"为目标的改革,同时经济发展战略突出以城市为中心,以农村反哺城市和效率优先、兼顾公平的社会发展价值取向。我国历史上长期存在的整体偏紧的师资配置标准制度正是在这一背景下制定的。从 1984 年城乡有别的班师比师资配置标准制度的建立,到 2001 年城乡倒挂的生师比师资配置标准制度代替 1984 年的制度,一方面新制度沿用已有制度的基于学生数量的师资配置标准,另一方面新制度进一步强化了旧制度中的城乡差别。无论是从制度的基本逻辑来看,还是从制度的价值取向来看,这两次改革属于渐进式的制度变迁,未突破旧制度的框架。

其次是决裂式制度变迁。随着经济快速发展,人民生活水平不断提高,基本普及九年义务教育历史目标的达成,社会发展和教育发展均从规模扩张走向追求公平。十七大报告首次正式提出促进社会公平,统筹城乡发展。此后,以缩小城乡师资差距来缩小城乡教育差距的命题逐步进入学者和政府的视野,正是基于这一关键历史节点的出现,师资配置标准制度由城乡倒挂走向城乡统一,师资配置标准制度正式与实行了 20 多年的城市优先师资配置标准制度决裂。

## 第五节　我国基础教育师资配置标准政策的改革趋势

基础教育师资配置标准制度是国家教育制度的重要内容。从制度的功能出发,师资配置标准制定应该适应国家促进教育公平和提高教育质量的战略需求,应该满足每一所学校日常教育教学工作的需求,应该满足促进每个学生个性发展与全面发展的需求,应该满足新课程改革的需求,应该满足教师专业化理念对教师提出的要求,为此,我们认为,基础教育师资配置标准制度亟需创新。

一是制度逻辑从数量逻辑走向质量逻辑。对师资配置标准制度的批评从城乡倒挂转向基于单一生师比的不合理。从班师比到生师比,从城乡倒挂到城乡统一的师资配置标准制度的变迁均是在数量逻辑师资配置标准制度框架下的渐进式变迁,从满足实现促进教育公平和提高教育质量的国家教育发展战略需求,从践行以人为本的办学理念,从深入推进新课程改革的要求,从促进教师专业发展和提高教师职业幸福感的角度出发,师资配置标准制度必须进行决裂式制度变迁,实现从数量逻辑走向质量逻辑的师资配置标准制度。研究表明,现行生师比为主的师资配置制度下,农村地区教师工作量过大,这给教育发展带来一系列危害,如聘用代课教师,教师身心疲惫、职业倦怠严重,过多的工作量挤占了教师精心备课和批改作业的时间,使教学效果大打折扣。[①] 此外,中小学教师工作任务内容繁多,时间偏长,如

---

① 刘善槐,邬志辉,史宁中.我国农村学校教师编制测算模式研究[J].教育研究,2014(05):50-57.

课时量偏多,各种科研、教研、继续教育、教育教学比赛、各种检查评比、学生课外活动、家校合作等非教学工作量日益繁重。① 在倡导教育公平,保证每个孩子接受高质量教育的诉求下,师资配置标准范围应该从县域转向具体的每一所学校,每所学校所需的教师数量取决于学校的年级数量、班级数量、课程门类和周课时数量等因素,不仅仅取决于这所学校的整体学生数量。教育部相关负责人曾表示,"完善农村教师的配置标准,由单纯的'生师比'转向'班师比''科师比'等配置标准",显示出师资配置标准制度创新的决策意愿。② 为此,建议建立以工作量为基本指标的师资配置标准制度。在国家课程计划、新课程改革的任务和要求与教师专业标准的框架下,核算不同学段、不同年级、不同学科教师的基本工作量,根据工作量总体合理的标准确定所需要的教师。

二是制度价值应该从效率与公平走向专业价值取向。1966 年,国际劳工组织和联合国教科文组织联合发布的《关于教师地位的建议》提出,"教学应该被视为一种专业,它是公共服务的一种形式,需要教师通过严格的、持续的学习获得和保持专业知识、专业技能,要求个体和集体对于教育以及他们所负责的学生的福利有一种责任感"。③ 教师集体作为一个专业组织,有其内部的专业逻辑,不能以国家行政组织逻辑来掩盖教师组织的专业逻辑。此外,教师工作的对象是活生生、千差万别、不断发展的生命体,而不是标准化的产品,教师的工作必然是充满偶然性和多样性的。因此,教师资源配置不能借用其他生产组织的逻辑,而应该体现个体性、差别性和发展性,体现中央政府、地方政府、学校和社会的共同期望。

---

① 郝保伟,余霞.从现状透视中小学教职工编制管理的问题与政策取向[J].教师教育研究,2013(11):79-84.

② 纪秀君.城镇化引出农村教师发展困局,教师配置标准如何调整[N].中国教育报,2014-09-22.

③ Recommendation concerning the Status of Teachers[EB/OL].(1966-10-05)[2014-01-22].http://portal.unesco.org/en/ev.php-URL_ID=13084&URL_DO=DO_TOPIC&URL_SECTION=201.html.

# 第九章　公办中小学编外聘用教师问题研究

## 第一节　基本形势

公办中小学编外聘用教师问题是我国教师队伍建设改革中的关键问题。随着城镇化的持续推进，编外聘用教师从农村发展到城镇，呈现出新的分布特点和类型特征，涌现出具有重要政策价值的创新举措。但与此同时，也伴随着风险，成为阻碍教师队伍建设改革的关键因素。为此，迫切需要通过深入的研究，研判当前公办中小学编外聘用教师的整体形势，并在审慎分析的基础上提出相应的政策方案。

### 一、编外聘用教师存在城镇和乡村两种形态

第一种是城镇形态。随着城镇化进程的持续推进，城镇地区尤其是大城市、新区大量涌入外来人口。按照"两为主"的政策要求，人口流入地公办学校承担教育服务供给的主要责任。由此带来师资缺口，但编制难以在短期内补齐，因而出现编外聘用教师现象。如广东省68.5％的编外聘用教师集中在珠三角；福建省近60％的编外聘用教师集中在福州、厦门、泉州三市。

第二种是乡村形态。在一些自然条件相对恶劣、经济社会发展水平相对较低的乡村地区，公办编内教师存在"招不来""留不住"问题，或者由于地方财力有限，面临"有编难补"问题，进而采用编外聘用教师的方式满足教学需要。

城镇形态是城镇化进程持续推进和"两为主"政策实施后的新现象。乡村形态类似于过去的"代课教师"，随着财政保障水平的持续提升，这种现象有持续减少的趋势。

### 二、实践中存在三种编外聘用教师模式

第一种是规范聘用模式。这类模式由地方政府提供财政保障，采用规范的招聘程序，有严格的入职门槛（一般与在编教师的标准相当），工资待遇与在编教师基本持平，有完善的社

会保障。目前,山东、四川、陕西、湖北等地区多个财政保障能力较强、制度创新水平较高的城市采用这类模式。

第二种是混合聘用模式。这类模式由地方政府提供财政保障或由地方政府和学校共同承担费用,有一定的招聘程序,入职门槛低于在编教师,工资待遇和社会保障水平低于在编教师,有一些种类的社会保险。混合聘用模式是目前我国多数地区实际采用的方式。

第三种是学校自聘模式。这类模式由学校承担费用(一般从公用经费中列支),没有特定的招聘程序,一般为短期聘用,入职门槛低,工资水平低(一般参照当地最低工资标准),一般不购买社会保险。这类聘用模式的管理较为混乱,地方政府部门往往采取理性忽视的策略,有意无意地不掌握情况,不纳入事业统计。这类聘用模式一般出现在地方政府财政保障能力比较低的地区,或者学校为应对短期的教师缺口(如孕产假、病假等)采取的聘用方式。

### 三、 涌现出具有重要政策价值的基层首创

受编制总量约束,成都武侯区和双流区新建学校难以及时补充教师编制。为满足教师需求,两区在新建校开展"两自一包"等改革。其核心内容是:区教育局核定教师规模数,学校自主聘任教师,对教师采取无编制管理;学校对绩效工资分配、教师岗位设置等实施自主管理;区财政参照公办学校办学成本对改革学校划拨办学经费,学校包干使用。改革有效激发了教师工作和学校办学活力,取得良好效果。这种基层首创为未来我国教师编制改革提供了有价值的实践经验。

## 第二节 关键问题

第一,多数学校自聘教师和部分混合聘用教师存在质量问题,且队伍不稳定。这些编外聘用教师很多学历不达标,不具备教师资格,没有接受过规范的教师教育,在师德修养、教学技能等方面存在欠缺。编外教师很多采用劳务派遣方式聘用,这种方式适合于临时性、辅助性岗位,具有聘期短、流动性强等特征,不适合用于聘任教师。这种聘用方式导致队伍不稳定、岗位交流存在制度性障碍,对教育教学质量提升带来负面影响。

第二,编外聘用教师收入与在编教师存在差距,容易引发"同工不同酬"的争议。除少数采用规范聘用模式的地区外,多数编外聘用教师收入与在编教师存在差距。东部某省编外聘用教师收入一般为同类在编教师的 60%,西部某两个地区约处于 43%—45%。虽然多数编外聘用教师在入职标准上与在编教师存在差异,但客观存在的收入差距容易引发"同工不同酬"的争议和矛盾。

第三,编外聘用教师退休后可能要求相应待遇,是教育系统潜在的不稳定因素。目前相当一部分编外聘用教师的聘用方式不规范,未缴纳完整的社会保险,有的甚至不缴纳任何社保。如西部某省 6.7% 的编外聘用教师未与用人单位签订劳动合同,32.9% 未缴纳保险和公积金。另外,编外聘用教师即使缴纳养老保险,也只能缴纳企业保险,不同于机关事业单位养老保险,与在编教师在退休后的待遇存在差距。这些教师退休后如果处置不善,有可能成为潜在的不稳定因素。

## 第三节　原因分析

第一,编制的统筹调配无法满足学龄人口在城乡、区域间的快速流动。随着城镇化的推进,农村人口持续涌入城镇,中西部人口流向东部省份。按照"两为主"的政策要求,生源流入地要保障教师配备、开足开齐课程。一方面,我国编制目前尚未实现跨省调剂。另一方面,区域内部编制标准的制定、编制总量的核定以及编制的具体分配主要由编制部门负责。由于编制部门对教育教学实际需要和学校的具体情况不熟悉,往往出现编制标准不合理、编制核定滞后、编制调整不灵活等困境,无法很好地满足教育事业发展需要,造成结构性、阶段性、区域性的缺编。

第二,现有编制核定标准对学校实际情况的考虑不足。核编单位是区域而非学校,从区域整体来看编制总量可能是充分的,但具体到每个学校就会出现缺编现象。一是目前大量的乡村小规模学校,不能简单按照生师比核编,需要采用班师比、科师比等方式核编。二是中小学有大量寄宿制学校,带来附加的班主任工作、寄宿生管理工作等。三是目前我国大规模开展教师培训,教师外出参加培训后造成师资缺口。

第三,随着基础教育改革深入实施,中小学课程设置、教学方式发生了深刻变化,现有编制标准难以适应。一是中小学新增了信息技术、科学、综合实践、通用技术等必修课程。二是教学方式上,研究性、实践性、探究性学习成为课改的主导方式。三是教学模式上,新高考改革打破了高中固定的班级授课模式,选课走班和分层教学成为常态。四是民族地区大力推进国家通用语言文字教学,但胜任国家通用语言文字授课的各学科教师严重短缺,不得已编外聘用。西部某省为此聘用教师达 6 万余名。这些变化都对现有的编制标准提出了挑战。

第四,教师存在结构性缺员现象。一是年龄结构方面,由于教师的职业特点,临近退休的教师病患增多,影响教学工作。二是性别结构方面,中小学阶段女教师占比非常高,全面二孩政策的实施使得大量女教师休产假,如东部某省 40 岁以下育龄女教师占比达 80.24%,因产假、病假不在岗教师占比达 5%。三是学科结构方面,语数外学科教师相对充足,音体美等学科教师相对短缺,这个问题在农村地区尤为突出。在编制和教师难以增加和调剂的情况下,各地唯有通过编外聘用教师满足教学需要。

第五,部分经济发展水平低、财政保障能力弱的地区,地方财政难以保障教育需求,存在有编不补、有编难补的现象。部分困难地区基本为"吃饭财政",为降低用人成本有编不补,而采用编外聘用教师的方式。个别地区出现进人计划因报名人数不足被取消的现象,从而导致有编难补。

## 第四节　政策思路

由于我国经济社会发展的阶段性特征和编制改革的固有规律,在未来一个历史时期,编外聘用教师的现象仍将存在。这种现象的存在具有一定的客观必然性,但也伴随着风险。对此,一方面要严格规范聘用方式,防范未来风险;另一方面要加快推进编制管理体制机制改革,进一步加强教师队伍建设,适应教育事业改革发展需要。

### 一、 规范教师聘用方式,防范未来风险

第一,从严规范编外聘用教师。对确需临时聘用教师的,按照规定权限、条件、程序招聘,严把教师入口关。按《劳动法》规定签订劳动合同,明晰权责关系,做到依法聘用、规范用人。经费纳入政府财政预算,依法保障编外聘用教师的工资、社会保险等相关待遇。严格规范学校层面的临时聘用教师行为。若编外聘用教师在入职标准、能力素养、工作业绩等方面达到要求,则要求做到同工同酬。要理性对待达不到入职标准的编外聘用教师,合理确定待遇,不能盲目强调同工同酬。

第二,对符合条件的非在编教师要加快入编。指导各地严格按照有关规定,通过公开招聘等方式将符合条件的编外聘用教师尽快纳入编制管理,逐步解决中小学教师人事管理工作不规范问题。

第三,采用信息化手段加强编外聘用教师管理。将编外聘用教师信息纳入"全国教师管理信息系统"覆盖范围,动态监测教师学历、教师资格情况、工资、社会保障等信息,为教师管理提供依据。

### 二、 创新编制管理,适应教育改革发展需要

第一,加快推动编制跨区域、跨行业调剂。《中共中央国务院关于全面深化新时代教师

队伍建设改革的意见》已提出相关要求,相关部门要联合推动事业编制跨区域、跨行业的动态调整,实现省级统筹、市域调剂、以县为主,动态调配。

第二,深入推进"县管校聘"改革。在试点基础上推进"县管校聘"改革,实现编制部门管标准、管总量,教育行政部门管配置,打破编制管理的校际壁垒,及时、动态调整编制。

第三,结合各类学校的实际情况进一步完善编制标准。综合考虑小规模学校、教师培训、寄宿制学校、民族地区双语教育、改革试点学校等附加的编制需求。

第四,鼓励地方开展编制管理改革试点,创造更多改革经验。目前已经涌现出一批编制管理的改革经验,要有序引导更多地区开展改革试点,并适时推广。

第五,加大对困难地区财政转移支付力度,为保障教师配备提供物质基础。对于财政特别困难的地区,加大省级财政和中央财政转移支付力度;同时加强督导问责,督促地方政府履行教育财政投入责任。

### 三、 激发教师队伍活力,提高编制使用效益

编制制度的初衷是机关事业单位控制人员规模和人事管理的依据,但在实践中逐步演化为一种身份象征,成为一种带有计划性、稳定性、终身性特征的制度,造成在编人员能进不能出、缺乏活力等问题。为此,激发教师队伍活力,提高编制使用效益就成为编制改革的重要举措。

第一,赋予县(区)级教育行政部门和学校关于教师招聘工作的主导权,实现事权和人权的统一。目前,我国多数地区教师招聘工作由人社部门主导,少部分地区由教育部门主导,学校的参与非常有限,这对于教师队伍建设非常不利。要积极推动县(区)级层面教师人事管理体制改革,赋予教育行政部门和学校更大的自主权。

第二,完善职称岗位结构和评聘体制机制,激发教师队伍活力。合理设置中高级教师职称岗位,避免教师因岗位限制失去职称晋升机会、丧失工作积极性的问题,激发教师队伍活力。明确县(区)人社部门核定岗位结构、数量的权责;赋予县(区)教育行政部门在总量内统筹分配职称岗位的权责。

第三,进一步落实学校办学自主权,实现待遇优劳优酬、岗位能上能下、编制能进能出。完善教师考核评价和激励约束机制,对专任教师在岗不上课或课时量达不到规定标准的,在聘期考核、岗位聘用等方面予以约束。进一步强化课时量在中小学教师考核评价和职称评聘指标体系中的权重。对确实无法完成聘期工作要求的教师予以低聘、转岗、解聘,激发在编教师队伍的内生活力。

# 第十章 义务教育教师管理体制研究[①]

## 第一节 问题的提出

以县为主管理和学校聘任教师是我国义务教育教师管理体制的法定要求[②]，也是明晰政府权责、保障学校办学自主权、激发学校办学活力的体制基础。但是，在区县层面，政府的教师管理权力呈现部门化特征，包括编制核定、教师聘任、职称岗位设置、职称评聘、收入分配等在内的人事管理权力分散在不同的政府部门，这使得原本整体性和系统性很强的教师管理权限被拆分，在实践中引发了广泛的部门合作困境。同时，学校很难真正发挥聘任主体的功能，在教师聘任、职称评聘、收入分配等领域受到诸多掣肘，大大降低了教师管理体制效能，造成学校教师的激励困境、发展困境和流动困境，深刻影响了整个教师队伍的活力。面对教师管理体制的突出问题，迫切需要理论的阐释和政策的回应。

### 一、"县管校聘"是当前我国义务教育教师管理体制变革的高度凝练和基础性政策安排

2014年教育部、财政部、人力资源和社会保障部印发《关于推进县（区）域内义务教育学校校长教师交流轮岗的意见》（教师〔2014〕号），"县管校聘"这一政策术语作为促进教师交流轮岗的保障条件首次出现在国家文件中。此后，《中共中央国务院关于全面深化新时代教师队伍建设改革的意见》明确提出"实行义务教育教'县管校聘'"。2020年《中共中央国务院关于抓好"三农"领域重点工作确保如期实现全面小康的意见》提出，2020年"全面推行义务教育阶段教师'县管校聘'"。在政策实践层面，"县管校聘"改革的实施范围不断扩

---

① 原文刊载于《中国教育学刊》2022年第9期，内容略有改动。

② 《中华人民共和国义务教育法》第七条规定："义务教育实行国务院领导，省、自治区、直辖市人民政府统筹规划实施，县级人民政府为主管理的体制。"《中华人民共和国教师法》第十七条规定："学校和其他教育机构应当逐步实行教师聘任制。教师的聘任应当遵循双方地位平等的原则，由学校和教师签订聘任合同，明确规定双方的权利、义务和责任。"

大。2015 年教育部确立了 19 个义务教育教师队伍"县管校聘"管理改革示范区,2017 年又确立了 30 个改革示范区。按照 2020 年中央 1 号文件要求,"县管校聘"改革在全国范围内全面推行。

至此,"县管校聘"不仅是促进教师交流轮岗的保障条件,已经发展成为我国义务教育阶段教师管理体制变革的高度凝练和基础性政策安排。

## 二、"县管校聘"改革在实践中面临突出的制度性障碍

综观国家和各省市出台的政策文件,"县管校聘"改革的内容主要涉及五个方面,即完善编制管理、完善职称岗位设置、落实学校在教师聘任和考核中的自主权、建立教师退出机制、保障教师合法权益。这些改革举措可以进一步归纳为"县管"和"校聘"两个层面的改革。"县管"强调将县一级教师编制调配、职称岗位设置、工资政策等事权统一,"校聘"强调学校充分发挥用人单位的自主性,在教师聘任、专业发展、绩效奖励、职务晋升等方面拥有充分的自主权。从这个意义上讲,"县管校聘"的政策内涵并不是首创,而是对法定的义务教育教师管理体制内涵的进一步凝练和概念化。

但是,上述两个层面的改革均因制度性的障碍,在实践中遭遇了很大的困难,在很多地区收效甚微。传统上教师编制政策主要由编制管理部门负责[1],职称岗位设置主要由人社部门负责[2],工资政策由人社部门和财政部门负责[3],使得县一级的教师人事管理权限分散,难以形成制度合力,"县管"很难实现。义务教育学校在教师聘任、职称岗位设置、收入分配等领域的话语权和自主性普遍较弱,在多数地区的实践中,很难行使这些权力。[4]

## 三、已有研究对"县管校聘"制度逻辑的解释尚不充分

"县管校聘"改革近年来不断深入开展,改革范围不断扩大,改革举措也日趋多样,已有研究围绕实践和政策问题的发展而展开了多角度的分析阐释,大致可以分为两类。第一类研究关注"县管校聘"的政策理念和文本形态的政策内容。研究指出,"县管校聘"的政策核心

① 李廷洲,薛二勇,赵丹丹.中小学教职工编制的政策分析与路径探析[J].教育研究,2016,37(02):63-69.
② 李廷洲,陆莎,金志峰.我国中小学教师职称改革:发展历程、关键问题与政策建议[J].中国教育学刊,2017(12):66-72,78.
③ 李廷洲,金晨,金志峰.中小学教师职称改革成效如何?——基于多元评估理论的政策评估研究[J].教育发展研究,2018,38(18):17-23.
④ 李廷洲,焦楠,陆莎."十二五"期间我国教师政策计量分析与前瞻——基于政策工具视角的文本计量分析[J].中国教育学刊,2016(09):36-41.

在于明确县级教育管理部门与学校之间各自的职责范围或权力边界①,其政策目标旨在破除教师交流轮岗的体制性障碍,以及推动义务教育的优质均衡发展②。研究指出在政策文本形态上,"县管校聘"改革涉及教师编制、岗位、聘用、考核、退出、权益保障等方面的政策举措。③第二类研究关注"县管校聘"改革的实施过程。研究指出"县管校聘"政策实施存在着对教师作用估计过高、对行政协调困难估计不足、破坏教师原有的工作生态等政策风险④,且"县管校聘"背景下的跨校交流严重影响了教师的归属感⑤。政策执行中教师和学校对政策的认同存在差异,政府职能部门协同困难,配套保障机制缺失⑥,学校权力小而责任大⑦。此外,还有研究指出"县管校聘"背景下教师作为"专业技术人员"的身份定位与交流义务之间出现了权利和义务不对等的问题⑧,教师作为专业技术人员的身份认同很难适应从"学校人"到"系统人"的转变⑨。

已有研究成果富有价值且充满启发性,为决策、实践和进一步的研究提供了扎实的方法论和理论基础,但仍有进一步深入研究的空间。首先,已有研究多以某个区县为案例,剖析教师管理体制变革的政策过程,基于广泛调查的实证研究成果还很少。其次,"县管校聘"改革触及教师人事制度的核心,涉及教职工编制制度、教师职称制度、教师聘任制度等关键制度,而且彼此交叉重叠,捆绑了复杂的部门、群体利益和权力格局,形成了一个相互嵌套的制度体系,牵一发而动全身。已有研究较少在既有的制度体系中考察"县管校聘"改革的理论和政策问题,因而难以作出充分的解释,对决策和实践的指导作用也没有充分地发挥。

有鉴于此,本研究采用大范围问卷调查和案例研究相结合的方法,将"县管校聘"改革作为教师管理体制变革的载体,在教师人事制度框架内阐释改革的一般规律,并提出符合政策规律、政治上能被接受、制度体系协调、实践中可行的政策方案。

---

① 李江源,张艳.县管校聘:成都市教师管理制度实践探索[J].教育与教学研究,2015(10):5-9.
② 李茂森,曹丹丹.我国"县管校聘"研究的进展与反思[J].湖州师范学院学报,2020,42(07):42-46.
③ 李茂森."县管校聘"实施方案研究与再思考——基于浙、皖、粤、鲁、闽等5省"县管校聘"改革实施意见的内容分析[J].教育发展研究,2019,39(02):67-72.
④ 姜超,邬志辉."县管校聘"教师人事制度改革的政策前提与风险[J].四川师范大学学报(社会科学版),2015(06):57-62.
⑤ 李国强,袁舒雯,林耀."县管校聘"跨校交流教师归属感问题研究[J].教育发展研究,2019(02):78-84.
⑥ 候洁,李睿,张茂聪."县管校聘"政策的实施困境及破解之道[J].中小学管理,2017(10):29-32.
⑦ 方征,谢辰."县管校聘"教师流动政策的实施困境与改进[J].教育发展研究,2016(08):72-76.
⑧ 李茂森."县管校聘"实施方案研究与再思考——基于浙、皖、粤、鲁、闽等5省"县管校聘"改革实施意见的内容分析[J].教育发展研究,2019,39(02):67-72.
⑨ 叶菊艳.从"学校人"到"专业人":教师流动与教育变革实现的源动力[J].全球教育展望,2014(02):82-94.

## 第二节　理论框架和研究方法

### 一、制度变迁理论对于义务教育教师管理体制变革的分析具有适用性

"县管校聘"改革是当前我国教师管理体制变革的高度概括,其在本质上是一种制度变革。在新制度经济学的话语体系中多使用制度变迁(institutional change)这一理论术语,认为这是一种预期收益更高的制度或目标模式对原有制度结构的替代。制度变迁的目的在于获取更高收益,但制度变迁结果往往偏离预期。制度变迁理论认为制度的发展具有路径依赖的性质,其中存在着一种自我强化机制,使制度的发展一旦走上某一路径,会在后续发展中不断自我强化,很难进行改变。① 道格拉斯·诺斯(D.C. North)是新制度经济学的代表人物,他的分析框架不仅将制度作为分析的对象,同时将其作为变量来解释制度的生成和变迁过程,认为制度是嵌入政治体制、经济组织结构或社会文化中的正式或非正式的程序、规范、惯例等,是行动者为追求目标而采取的策略集合,同时也会受到所处制度场域的塑造。② 回报递增是影响制度变迁的核心机制,通过制度的设置成本、学习效应、协调效应和适应性效应等方式发挥作用,促使制度发展形成惯性,沿着既定方向不断自我强化,难以根据周围环境的改变作出迅速调整,即出现路径依赖现象。③

当前我国教师管理体制改革已经进入"深水区",改革道路充满复杂性,用简单线性的分析方法难以对改革实践形成全面客观的认识。④ 制度变迁理论通过对制度的生成历史、演进规律、未来发展路径的全方位搭建与解读,展现了制度演变中的多重变量关系,对于本文分析教师管理体制变革过程具有较充分的理论适用性。

### 二、本研究采用问卷调查和案例研究方法

#### 1. 问卷调查

根据"县管校聘"改革的关键内容和有关影响因素,课题组设计了针对义务教育学校校长和教师的调查问卷,内容主要涉及编制管理、职称岗位设置、学校自主权、教师退出机制、

---

① 何俊志,任军峰,朱德米.新制度主义政治学译文精选[M].天津:天津人民出版社,2007:191-226.

② [美]道格拉斯·C.诺斯.制度、制度变迁与经济绩效[M].杭行,译.上海:格致出版社,2008:20-83.

③ [美]道格拉斯·C.诺斯.制度、制度变迁与经济绩效[M].杭行,译.上海:格致出版社,2008:87-122.

④ 李廷洲,吴晶,王秋华.改革开放40年我国教师政策的变迁历程、主要特征与发展前瞻——基于政策工具理论视角的文本计量研究[J].清华大学教育研究,2019,40(01):103-110.

教师权益保障等 7 个维度。据此,课题组向全国 31 个省份的校长、教师发放调查问卷,最终收集有效教师问卷 16 731 份、校长问卷 1 478 份。

校长样本分布特征如下。按城乡划分,城区学校占比 6.6%,县镇学校占比 46.2%,村屯学校占比 47.1%。按学段划分,小学占比 84.1%,初中占比 14.1%,九年一贯制学校占比 1.8%。按性别划分,女性占比 19.4%,男性占比 80.6%。教师样本分布特征如下。按城乡划分,城区占比 18.5%,县镇占比 57.8%,村屯占比 23.7%。按学段划分,小学教师占比 67.1%,初中占比 32.9%。按性别划分,女教师占比 74.1%,男教师占比 25.9%。按聘任类型划分,在编教师占比 87.2%,特岗教师占比 3.4%,政府聘任教师占比 4.6%,学校聘任教师占比 4.8%。按职称划分,未评职称教师占比 12.8%,初级职称教师占比 36.5%,中级职称教师占比 38.6%,高级职称教师占比 12.1%。

2. 案例研究

案例研究方法适合回答"怎么样"和"为什么"的问题,研究对象是目前正在发生的事件[①],是探讨现存问题并寻求解决策略的重要方法。在案例选择上要考虑典型性,以及是否适合发现和扩展研究目标的关系和逻辑。本研究选取内蒙古自治区 Y 旗作为案例研究的对象,理由如下。一是我国义务教育实行"以县为主"的管理体制,县级政府及其教育行政管理部门直接担负义务教育政策执行的主体责任,因而县域的研究可以为探索地方政府政策执行实践提供一个理想的观察窗口。二是 Y 旗的改革案例具有一定的典型性,该县进行"县管校聘"前,分别前往山东、福建、北京、浙江等改革试验区进行交流学习,其改革方案综合了上述地区的特色,相对系统、完善且具有很强的综合性,涉及教育改革和教师人事改革的方方面面。三是资料的可得性,研究者能够进入该研究场域,且得到政府和学校等相关部门的支持,从而获取相对真实、全面的资料。

研究者于 2020 年 8 月—9 月,2020 年 11 月,在 Y 旗进行了累计 36 天的田野研究,通过访谈、观察等方法收集资料。针对不同的访谈对象,分别设计了旗委书记、主管教育副旗长、财政局局长、编办主任、人社局局长、教体局局长、教体局各部门负责人、校长、教师访谈提纲以及集体访谈的提纲。本研究正式访谈了旗委书记(1 人)、主管教育副旗长(1 人)、财政局局长(1 人)、编办主任(1 人)、人社局主要领导(1 人)、教体局局长(1 人)、组织人事股负责人(2 人)、基础教育股负责人(1 人)、教育督导室负责人(1 人)、德育股负责人(1 人)、计划财政股负责人(1 人)、民族教育股负责人(1 人)、中小学校长(7 人)、一线教师(28 人),共计 48 人。另外,与近 10 人进行了非正式访谈。研究总共做了 1 093 分钟的访谈,通过转录,获得 18 万

① [美]罗伯特·K·殷.案例研究——设计与方法(第 3 版)[M].周海涛,李永贤,张蘅,等,译.重庆:重庆大学出版社,2004:11.

字左右的访谈记录。

国务院确定内蒙古自治区为"县管校聘"试点省区后,自治区确定 Y 旗所在市为全区唯一试点市。2018 年 12 月 6 日,市人民政府结合本地实际制定了细化政策,并将 Y 旗确定为全市唯一的"县管校聘"试点旗区。2019 年,Y 旗根据上级政策文件的要求,出台了《Y 旗推进中小学教师"县管校聘"管理改革实施方案》,正式开启了"县管校聘"改革之路。通过调研发现,Y 旗从 2017 年已开始了相关领域的探索。如针对该地部分教师抱有"吃大锅饭""干与不干一个样、干好干坏一个样"等思想观念,以及职业倦怠严重等问题,出台了专门文件,率先在三所学校开启了包括竞聘上岗、"经费包干、二次分配"、职称评聘等在内的各方面改革试点,致力于打破教师"铁饭碗"的传统观念,引入竞争机制,构建教师"能上能下、能进能出"的管理体制。空出的职称岗位由具备条件的教师竞聘上岗,打通职称评聘渠道,极大地调动了教师的工作积极性。在此基础上,Y 旗 2019 年扩大试点范围,并于 2020 年全面铺开。

## 第三节　正式制度环境中的体制变革逻辑与路径

### 一、 区县政府场域中的权力分配格局与制度变革逻辑

"县管校聘"改革的一个核心目标是由区县教育行政部门统筹教师管理事权,实现编制部门制定编制标准,教育行政部门统筹编制分配;人社部门制定职称政策,教育行政部门统筹负责岗位设置和职称评聘;人社部门和财政部门参与制定工资政策,教育行政部门统筹负责工资政策执行。但这项改革举措与过去已经形成的制度框架和行为方式存在不匹配。调查结果显示,在最近一次的新教师招聘过程中,仅有 36.4% 的校长认为本地区的教师招聘是由教育行政部门在主导;在编制核定过程中,也只有 62.9% 的校长认为本地区的编制核定是由教育行政部门在总量内统筹,还有大量地区则是由编制管理部门直接分配到学校。在教师职称评聘工作中,多数地区由人社部门主导,少部分地区由教育部门主导,甚至同一地区的不同类型学校分属不同部门负责,教育部门和人社部门分工协调机制不明确,多头管理、职责不清等问题突出。① 在职称岗位分配过程中,有 67.7% 的校长认为职称岗位由教育行政部门统筹分配,还有大量地区由人社部门直接分配到学校。进一步的分析发现,仅有 20.97% 的校长认为本地区的教师招聘、编制调配和职称岗位分配均由教育行政部门统筹。这组数

---

① 李廷洲,金晨,金志峰.中小学教师职称改革成效如何?——基于多元评估理论的政策评估研究[J].教育发展研究,2018,38(18):17-23.

据意味着,高达80％的校长所在地区的教育行政部门,尚未或无法统筹行使"县管校聘"改革相关的必要教师管理事权。

"县管校聘"改革涉及编制调配、教师聘任、职称岗位设置、职称评聘、收入分配等各个方面,要想做到统筹兼顾,就需要与当地的财政部门、人社部门、编制管理部门等进行权力调整,这涉及对教育资源和权力的重新划分和再分配。在进行跨部门的协同过程中,如果改革的利益与本部门的利益不一致,就容易引起部门间的利益博弈,导致政策执行过程中的不确定性、复杂性急剧增加,进而造成部门间的合作困境,也可称之为"孤岛现象"。①

"县管校聘"改革中有关的教师人事管理事权分散在不同的政府部门。由于教师管理权力裹挟着特定的利益,各个部门都有强烈的动机将各自掌握的权力通过部门规章等方式固定下来,进而形成了特定的制度框架。这种制度框架与特定的场域结构及其利益分配格局是相匹配的。制度变迁理论认为,由效率更高的新制度代替效率较低的旧制度的转型过程中,多种因素制约着制度变迁的动力和具体实践。制度框架中的既得利益群体构成现有制度的维护者,对他们而言,维持现有制度带来的回报是递增的。在教育政策执行场域中,占据既得权利的行动者利用制度维护其对关键资源的垄断与再生产。他们对现有的制度存有内在要求,只有巩固和强化现有制度才能保障他们继续获得利益,哪怕新制度对全局更有贡献和效率,也很难一下子改变既得利益群体对原有制度的维护。这种利益格局在区县政府场域就表现为政府部门之间的权力分割。对于"县管校聘"改革而言,相关的制度安排如编制调配、职称岗位评聘、工资结构和分配等权力分散于财政部门、人社部门、编制部门和教育行政部门,这种制度安排背后是一种相对稳定的权力分配格局和既定规则。在这种权力分配格局下,"县管校聘"的制度变革显然面临阻力。因此,在改革过程中多种制度变量的共同作用下,"县管校聘"的政策理念与政策实践、政策文本与政策执行之间存在多重逻辑和一定的张力,形成复杂的制度变革力量博弈和变迁轨迹。

改革之初,Y旗也面临上述困境,各个部门难以形成工作合力,无法建立起有效的跨部门合作机制。为此,Y旗通过政策上的顶层设计和党的领导的政治推动,应对跨部门协同的制度障碍。党委主要负责人多次召开专题会议、旗委深改委领导小组会、四套班子联席会、党委常委会等研究部署"县管校聘"改革工作。在上级部门高强度的政治势能推动下,人社、财政、编办、教育等多个政府部门积极协同制定改革方案,出台并实施《推进中小学教师"县管校聘"管理实施方案》和《深化中小学教师"县管校聘"管理体制改革实施细则》等15项政策文件,构建Y旗教育领域综合改革创新顶层设计架构图,赋予教育行政部门在编制调配、职称岗位分配、经费分配等方面更充分的改革自主权。

---

① 贺东航,孔繁斌.公共政策执行的中国经验[J].中国社会科学,2011(05):61-79.

## 二、 学校组织情境中的制度参与及路径依赖

"县管校聘"改革的另一个目标是政府将教师管理事权让渡给学校,使学校在教师聘任、职称评聘、收入分配等领域有充分的自主权,保障学校作为教师聘任主体的权利。但实现"校聘"的改革也与既有的制度框架存在不一致。调查结果显示,仅有24.9%的校长认为学校全程参与了新教师招聘,高达63.5%的校长则认为学校完全没有参与新教师招聘,另有11.6%的校长报告参与了部分环节。在职称评聘过程中,仅35.5%的校长认为学校可自主设置学校职称评价标准;仅33.5%的校长认为学校可自主设置内部职称推荐程序;仅49%的校长认为职称评审过程比较独立、行政干预很少。而且,在当前的绩效工资政策实践中,中小学教师收入主要是由职称决定的①,学校的分配能力很有限。这意味着在政府和学校的权限划分中,学校也不具备相应的人事管理权限。在多数地区,政府部门掌握教师招聘、职称评聘等事权,并以出台规章制度等方式将这种权力分配方式合法化。如前文所述,这种制度安排背后同样是一种相对稳定的权力分配格局,其发展变迁具有强大的路径依赖特征。

改革之初,Y旗也同样面临上述问题。一位公办小学的校长表示,"政府部门还是对学校的管理工作干预过多,管得过严,学校不能真正地放手做事情。不是不让管,可以管思想政策方法、意识形态,但是学校管理要交给专业的人负责"。为此,"县管校聘"改革中Y旗做了很多努力向学校让渡教师聘任、职称评聘、收入分配自主权。在教师聘任方面,实施教师竞聘上岗,学校制定符合本校实际的评价方案,对教师进行评价考核。对于未竞聘上岗教师,通过转至后勤岗位或低一学段任教、待岗培训等方式分流安置。收入分配方面,首先在两所学校试点开展了"经费包干、二次分配"制度改革,将教师工资、校长基金、绩效工资、公用经费等学校运行费进行统一核定,拨付学校自主分配。自2020年开始,"经费包干、二次分配"改革在全旗各级各类学校中实施。在职称评聘方面,采用了"高评低聘"和"低评高聘"的方式,对于学校认定表现优秀的教师,享受比原有职称高一级的待遇;对于学校认定靠后的教师,执行比原有职称低一级的待遇。这些改革的努力在很大程度上赋予了学校更多自主权。

## 第四节　非正式制度影响下的管聘改革实践与应对

当前,政府官员、学校管理者和教师都已经形成相对稳定的对教师人事制度和人际关系

---

① 李廷洲,陆莎,金志峰.我国中小学教师职称改革:发展历程、关键问题与政策建议[J].中国教育学刊,2017(12):66-72,78.

的认知,"学校人""职务终身制""铁饭碗"等观念深入人心,政府相对学校的权威也广为接受。相应地,各个群体形成了一整套观念和行为模式,这些价值信念和行为准则构成了"县管校聘"改革中的非正式制度。非正式制度是行动者在长期的互动交往中形成的相对稳定的价值信念和行为准则,一旦形成便具备很强的稳定性,对教育改革具有持久、隐性、深入的影响。与正式制度相比,非正式制度具有更强的非易性和稳定性,其变迁也是缓慢的、渐进的、内生的。这些观念的稳定性和非易性使得制度变迁具有深刻的阻力。

长期单位管理模式下的稳定身份促使教师产生对学校的归属感和情感依恋,这种身份认同和归属感又会强化自身的责任感、使命感和凝聚力。研究发现,当前"县管校聘"背景下,"无校籍管理"配套保障机制和政策宣传引导的不足等因素,使得教师在新的制度情境中易催生"局外人"心理,缺乏归属感,导致政策认同障碍。[1][2] Y 旗一位教师提到,"感觉是在打击老师的积极性,有种被强迫的感觉"。另一位教师指出,"让老师们互相竞争,感觉不到尊重"。访谈中发现,这部分教师并不是不能认识到这项改革的意义所在,在一定程度上他们也认同这项改革的重要性,但改革确实降低了工作的稳定性,增加了教师的工作压力和工作量,造成不被尊重的感受。

非正式制度和正式制度往往是相伴而生的。特定的制度安排一旦稳定下来,制度环境中的行动者会逐渐适应,并形成了特定的行为习惯。不同的行动者在该制度环境中通过相互协调和合作,将交易成本降低到了可以接受的水平。而且制度越稳定,其中的行动者相互协调的成本越低。对公立学校的教师而言,传统的人事制度正是这样一种稳定的制度,而且这种稳定性也是他们从事教师职业的重要原因。[3] 于是,依赖制度良好的协调效应,行动者更坚定地选择适应制度的行为方式,加强协商合作,并从中获取制度资源,由此对制度产生强烈而普遍的适应性预期或认同心理,为制度的自我维持和自我强化增加合法性,并减少使这项制度持续不下去的不确定性因素。"县管校聘"改变了教师的评价考核方式、聘任方式,影响了工作的稳定性,带来了诸多新的不确定性。在制度变迁的过程中,新的制度伴随着新的风险,而且教师对新制度缺乏理解,需要投入额外的时间和精力进行学习和适应,因而很难支持新制度的实行。

为应对非正式制度的影响,Y 旗做了两个方面的努力。一是最大限度地保护教师的权益,以获得教师的认同,凝聚改革共识。在职称评聘方面,采用"老人老办法,新人新办法"的策略:教师在临近退休 5 年内可自愿让出高级职称岗位,但仍可享受原岗位职称工资待遇和相应的退休待遇,保证了教师在岗期间和退休期间的待遇不变;对于拟聘任高级职称岗位的

① 侯洁,李睿,张茂聪."县管校聘"政策的实施困境及破解之道[J].中小学管理,2017(10):29-32.
② 李国强,袁舒雯,林耀."县管校聘"跨校交流教师归属感问题研究[J].教育发展研究,2019(02):78-84.
③ 李廷洲,吴晶,郅庭瑾,等.国家教师发展报告(2019)[M].上海:华东师范大学出版社,2020.

教师采取"新人新办法",在聘任前需要与所在学校签订协议,履行相应的岗位职责。在竞聘上岗过程中,对于个别无法成功竞聘的教师,给予培训支持,提供多样的分流方案供教师选择,最大程度地保障落聘教师的权益。二是以渐进式策略和广泛的宣传引导凝聚改革的共识。在改革实施以前,行政部门积极动员各级各类学校校长参与到"县管校聘"改革中,获得校长的支持,并使之成为改革的参与者。继而在学校层面多次召开教职工代表大会,充分解读政策文本,听取教职工代表们的意见,在学校层面形成可行的实施方案。在改革过程中,采取"面上吹风、点上先行、逐步推开"的策略,不断扩大改革的共识。同时,通过新闻媒体广泛宣传改革成效,仅 2019 年就在市级以上媒体发布 50 多篇新闻报道,形成了支持改革的舆论环境。

## 第五节　结论与启示

"县管校聘"改革作为当前教师管理体制变革的载体,改革过程涉及权威、利益的重新划分与再分配,同时受到非正式制度的深刻影响。国家政策文件明确了方向和基本原则,但在区县的教育改革场域中面临巨大的阻力。区县推进"县管校聘"改革需要充分依靠党的领导构建政治势能,推动政府部门间的权威重组和政校权力关系重构,同时采用渐进式策略回应和引导非正式制度的影响。这构成了当前我国义务教育教师管理体制变革的理论模型,如图 10 - 1 所示。

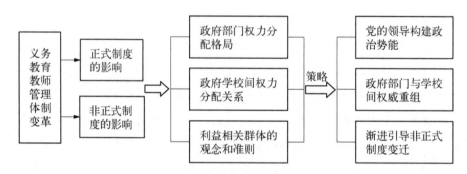

图 10 - 1　我国义务教育教师管理体制变革的理论模型

## 一、"县管校聘"是回归教育人力资源管理规律的关键举措,应坚定改革信心,保持改革定力

实际上,无论是"县管"还是"校聘"都并非新生政策,"县管校聘"改革更多的是对教育管理规律的回归。

"县管校聘"改革是党中央推动教师管理体制变革的权威决策部署。2018 年《中共中央国务院关于全面深化新时代教师队伍建设改革的意见》明确要求"实行义务教育教师'县管校聘'"。2020年《中共中央国务院关于抓好"三农"领域重点工作确保如期实现全面小康的意见》明确提出"全面推行义务教育阶段教师'县管校聘'"。同时,"县管校聘"改革符合学校人力资源管理规律。教师职称评审是对教师的教育教学能力和工作业绩的评价,教育行政部门对教师队伍建设和教育教学工作更熟悉,更适合制定评审标准和程序,职称岗位的配置需要依据学校规划、发展前景、所属区域、在校生数量变化趋势等因素确定,同样更适合由教育行政部门负责,因此,理顺有关部门之间的分工协调机制,将职称制度和编制制度交由教育行政部门统筹,符合教师专业技术职务制度的客观规律。① 学校作为用人单位,在逻辑上和法律规定上都是聘任主体,过去由于编制制度和工资制度带来的过度的稳定性使学校难以实质地行使聘任权力,亟待通过"县管校聘"改革实现学校的自主权。

"县管校聘"改革是党中央的权威决策,符合学校人力资源管理的客观规律,具备充分的权威性和合理性,应树立制度自信,保持改革定力。

## 二、 改革涉及复杂的权威重组和利益调整,需要充分发挥党的领导的制度优势

"县管校聘"改革涉及编制分配、教师聘任、职称岗位设置、职称评聘、收入分配等关键权力在政府部门之间、政府与学校之间的调整和再分配,其变迁具有强大的阻力,通过常规的工作机制很难实现。我国的政策执行发生在一个"以党领政"、党和国家相互"嵌入"的独特结构和政治生态中。② 党的领导具有高度的权威,而且这种权威已经成为公共部门和全社会的共识。党的十九大报告提出,"党政军民学,东西南北中,党是领导一切的",这种表述已写入最新修订的《中国共产党章程》。党的领导可以发挥推动改革的核心作用,促使各个部门和机构以公共利益为重,突破部门规章和部门利益。诺斯也认为,权威干预和一致性行动是打破制度变迁路径闭锁状态的关键因素。③ 在Y旗,正是党委的权威促使各个政府部门改变过去的制度路径,形成了新的适应"县管校聘"改革的权力分配格局和工作机制。

《中共中央国务院关于全面深化新时代教师队伍建设改革的意见》已经明确提出,"要切实加强领导,实行一把手负责制""各省、自治区、直辖市党委常委会每年至少研究一次教师队伍建设工作"。区县层面推动"县管校聘"改革应充分发挥党的领导的制度优势,以党的权威总揽全局、协调各方,统领改革涉及的各政府部门和学校,形成合力,从根本上消解制约改

① 李廷洲,金晨,金志峰.中小学教师职称改革成效如何?——基于多元评估理论的政策评估研究[J].教育发展研究,2018,38(18):17-23.
② 贺东航,孔繁斌.公共政策执行的中国经验[J].中国社会科学,2011(05):61-79,220-221.
③ [美]道格拉斯·C.诺斯.制度、制度变迁与经济绩效[M].杭行,译.上海:格致出版社,2008:87-122.

革的体制机制障碍。

## 三、 以渐进式变革策略回应非正式制度的影响

"县管校聘"改革在很大程度上改变了教师的聘任方式,使得被广泛适应的"学校人""职务终身制""铁饭碗"等非正式制度和观念受到冲击,在一定程度上影响了教师的归属感、荣誉感和工作动机。区县推动"县管校聘"改革不能仅依靠国家权威和政策强制力,还要正视非正式制度的影响,增强利益相关群体对政策的认同感和接受度,获取非正式制度的支持。

应尊重教师需求,凸显人文关怀。注重使用激励性、能力建设性政策工具,健全补偿措施,关注教师的生活和工作困难。同时由点到面,渐进式地扩大教育改革范围和力度。"县管校聘"改革涉及政府多个部门、学校管理者、教师群体等诸多利益主体,是一项兼具综合性和复杂性的系统工程。为了实现义务教育阶段教师"县管校聘"的全面推行,需要在小范围的探索基础上发挥示范学校、示范群体的引领作用,结合舆论引导,逐步扩大改革范围,提高"县管校聘"改革的可操作性。

# 第十一章　世界各国教师配备标准及管理的主要特征

本章聚焦国外大中小学教师的配备标准、管理体制机制等议题,总结各国教师配备的共性和差异性,以及部分国家教师配备的特色经验。由于政治、经济、文化等的重要差异以及教育制度设计的不同,各国教师配备的具体标准、操作办法、特征也各不相同,主要包括三种形态:一是以俄罗斯、韩国为代表的集权型,教师配备的管理权限在中央;二是以美国、加拿大为代表的分权型[1],教师配备的管理权限在地方;三是以日本、法国、荷兰为代表的集权与分权混合型。

## 第一节　教师配备标准

教师是最重要的教育资源,师资配置相对校舍、设备、图书等教育资源配置具有显著的重要性。

各国教师配备的标准受到社会、经济、文化等因素的影响,以及教育发展水平的差异,呈现出不同特点,或有相应规定,或在一定时期形成一种常规。本节从生师比、班额等与教师配备相关的角度切入,对不同国家的教师配备标准进行比较分析。其中,生师比是指学校在校学生数与学校专职教师数的比例,是衡量一个国家学校教育教师充足程度、办学水平和办学质量的重要指标。班额,又称班级规模,是指分配并编入固定的一个班级的学生数量标准,在学生人数确定的情况下,班级规模越小,班级数量越多,需要的教师数量越多。[2] 平均班额,是指各级教育所有在校学生数与班级数之比,能从整体上了解整个国家或某个地区的班级规模。

### 一、中小学教师的配备标准

大部分国家政府及各级教育行政管理部门都重视教师的配备,但由于教育管理体制的

---

① 教育系统人力资源配置与学校编制管理课题组.教育系统人力资源配置与学校编制管理研究[M].北京:北京师范大学出版社,2009.

② OECD. OECD Handbook For Internationally Comparative Education Statistics:Concepts,Standards,Definitions and Classifications[M]. Paris:OECD Publishing,2018:44,56.

差异,许多国家对中小学教师并没有统一的配备标准。

首先,中小学教师的编制标准很大程度反映在生师比上,通过生师比的比较可以看出不同国家中小学的教师配备状况。一般来说,不同国家和地区中小学以及每个学校的生师比都有一定差异。

从表 11-1 可以看出,1996 年各国中小学生师比的差异较大,各学段平均生师比最高的是韩国,超过 28,最低的是奥地利,不足 11。OECD 国家在小学、中学阶段的平均水平分别为18.3 和 15。

表 11-1　部分国家中小学学生与专任教师数之比(1996 年)

| 国　　　家 | 小　学 | 初　中 | 高　中 |
| --- | --- | --- | --- |
| 美　国 | 16.9 | 17.5 | 14.7 |
| 加拿大 | 17 | 20 | 19.5 |
| 澳大利亚 | 18.1 | —— | —— |
| 法　国 | 19.5 | —— | —— |
| 日　本 | 19.7 | 16.2 | 15.6 |
| 英　国 | 21.3 | 16 | 15.3 |
| 荷　兰 | 20 | —— | —— |
| 奥地利 | 12.7 | 9.2 | 8.5 |
| 韩　国 | 31.2 | 25.5 | 23.1 |
| 瑞　典 | 12.7 | 12.2 | 15.5 |

资料来源：Education at a Glance 1998：OECD Indicators。

从表 11-2 可以看出,2020 年各国中小学生师比相较于 1996 年均有所下降,但各国之间仍有不小的差距。大多数国家各学段生师比保持在 15—20 之间。OECD 国家在小学、中学阶段的平均水平分别为 15 和 13,相对于 1996 年分别下降了 3.3 和 2 个单位。中国小学和初中阶段生师比的平均水平分别为 17 和 13,已经与 OECD 国家处于相似水平。

总体上看,从国际可比数据的分析可以发现三个趋势。第一,经济社会发展水平越高的国家,生师比越低,教师数量越充足,发达国家的生师比普遍比发展中国家生师比低。第二,无论是发达国家还是发展中国家,最近几十年来教师数量的充足性整体上出现了上升趋势,各国生师比呈整体下降的态势。第三,多数发达国家生师比已经达到了相对合理的水平,发展趋于稳定。

表 11-2 部分国家中小学学生与专职教师比(2020 年)

| 国　　家 | 小　学 | 初　中 | 高　中 |
|---|---|---|---|
| 中　国 | 17 | 13 | 13 |
| 墨西哥 | 24 | 31 | 28 |
| 哥伦比亚 | 24 | 28 | 22 |
| 澳大利亚 | 15 | — | 12 |
| 奥地利 | 12 | 9 | 10 |
| 加拿大 | 16 | — | 13 |
| 智　利 | 19 | 20 | 19 |
| 丹　麦 | 12 | 11 | 11 |
| 芬　兰 | 13 | 9 | 14 |
| 法　国 | 18 | 15 | 13 |
| 德　国 | 15 | 13 | 12 |
| 意大利 | 11 | 11 | 11 |
| 日　本 | 16 | 13 | 11 |
| 韩　国 | 16 | 13 | 11 |
| 荷　兰 | 16 | 16 | 16 |
| 瑞　典 | 13 | 11 | 13 |
| 英　国 | 20 | 17 | 16 |
| 美　国 | 15 | 15 | 15 |
| OECD 平均值 | 14 | 13 | 13 |

资料来源：Education at a Glance 2022：OECD Indicators[1]。

其次，班额也是衡量中小学教师配备充足性的重要标准。自从 17 世纪捷克教育家夸美纽斯主张"班级授课制"以来，班级教学至今仍是各国最基本的教学组织形式，班额也是决定教师配备的关键因素。如果以学校为单位，在班额固定的前提下，教师配备的总量就是由班级数决定的。正如 1984 年，国家教育委员会发布的《关于中等师范学校和全日制中小学教职

---

① OECD. Education at a glance：Student-teacher ratio and average class size[EB/OL]. [2023 - 09 - 01]. https://stats.oecd.org/BrandedView.aspx?oecd_bv_id=edu-data-en&doi=334a3b64-en.

工编制标准的意见》中明确规定的：中等师范学校和全日制中小学教职工编制的计算原则是"以校为单位按班计算（包括单设和合设）"。因此，在学生人数既定的情况下，班额的大小将直接影响教师配备的数量。

有些国家根据教学班级数确定教职员数。如在韩国，无论是大城市、城镇还是农村，均依照《教育法实施令》①的规定——按学校班级数确定教职员配备。国民小学中每个班定编1名教师；4个班级以上的学校可按4个班级配备1名音乐美术、体育及其他特殊科目的教师；每个学校配备事务职员1人；18个班以上的学校可配备1名养护教师。对于中学，3个班级的学校按每个班级3名教师定编，超过3个班级的每增加1个班增加1.5个编制，每3个班增加1名职业课教师。此外，还可以增加特殊技术课和养护教师编制。

日本的专门法律②及文部省颁发的相应施行规则③制定了公立中小学的教职员配备标准。在公立小学、初中的教职员配备标准上，教师定员数＝A＋B＋C＋D＋E。其中A＝学校班级总数规定系数，B＝（30个班级以上的小学校数＋18－29个班级的初中数）×1，C＝（小学分校数＋初中分校数）×1，D＝含有寄宿学生的学生数×规定系数，E＝政令规定增加的教师数，其中规定系数随班级数的不同而变化，保健教师数与职员定员根据不同班级的学校数乘以相应的规定系数确定。在公立高中的教职员配备标准上，教师定员数根据不同班级与相应规定系数的乘积等确定。保健教师实习助手、事务职员定员数根据不同班级的学校数乘以相应的规定系数确定。

对部分国家的中小学平均班额进行比较，从表11-3可以看出，2020年大多国家的中小学平均班额都在30人以下，30人以上的只有我国和智利。OECD国家在小学、中学阶段的平均班额分别为20和23，而我国分别为38和46，与OECD国家特别是许多发达国家差距相当大。这与生师比指标的国际比较情况不相匹配，充分说明我国中小学的大班额问题还非常严重，我国实现小班化教学和个性化教学依然任重道远。降低班额是基础教育发展的重要趋势，班额越小，表明每个班级的学生数越少，教师为每个学生提供的指导就越多，有助于促进教育公平，提高教育教学质量。但小班额的发展趋势受经济条件制约，班额与国民平均收入有密切的关系，国民平均收入越高，降低班额的条件就越充分。降低班额意味着要增加教师配备的数量，加重政府或投资人的财政与经济负担。

---

① 초·중등교육법시행령［EB/OL］.（2023－06－28）［2023－09－01］.https://www.law.go.kr/LSW/lsInfoP.do?efYd＝20230628&lsiSeq＝251969.

② 内阁府.公立義務教育諸学校の学級編制及び教職員定数の標準に関する法律［EB/OL］.［2023－09－05］.http://law.e-gov.go.jp/htmldata/S33/S33HO116.html.

③ 文部科学省.学級編制・教職員定数改善等の経緯に関する資料［EB/OL］.（2011－06－16）［2023－09－05］.http://www.mext.go.jp/b_menu/shingi/chousa/shotou/084/shiryo/_icsFiles/afieldfile/2011/06/16/1307034_3.pdf.

表 11-3　部分国家中小学平均班额

| 国　　家 | 小　学 | 中　学 |
|---|---|---|
| 中　国 | 38 | 46 |
| 澳大利亚 | 24 | 23 |
| 奥地利 | 18 | 21 |
| 智　利 | 31 | 31 |
| 哥伦比亚 | 23 | 30 |
| 丹　麦 | 20 | 20 |
| 芬　兰 | 19 | 19 |
| 法　国 | 22 | 26 |
| 德　国 | 21 | 24 |
| 希　腊 | 17 | 20 |
| 意大利 | 19 | 21 |
| 日　本 | 27 | 32 |
| 韩　国 | 23 | 26 |
| 瑞　典 | 20 | 22 |
| 英　国 | 26 | 23 |
| 美　国 | 20 | 25 |
| OECD 平均值 | 20 | 23 |

资料来源：Education at a Glance 2022：OECD Indicators[1]。

各国在政策上对中小学班级规模并不一致。如美国、加拿大由各州（省）负责中小学教育，对中小学班额都有立法规定，中学一般控制在 35 人以下，小学一般控制在 30 人以下，如果超过规定班额标准教师有权拒绝接受。而印度倾向于增加班级规模，减少每名学生的费用。

再者，对班额和生师比两个因素进行综合考量，可以更全面地考察教师配备标准是否合理。[2] 国外教育学界和决策者对班额以及学校的规模的认识经历了一个变化过程。20 世纪

---

[1] OECD. Education at a glance：Student-teacher ratio and average class size[EB/OL].[2023-10-20]. https://stats.oecd.org/BrandedView.aspx?oecd_bv_id=edu-data-en&doi=334a3b64-en.

[2] 黄忠敬.OECD 教育指标引领教育发展研究[M].上海：华东师范大学出版社,2019.

60 年代,各国特别是发达国家的学者和决策者赞成在中等以上的城市开办大型中学(学生人数为 2 000—5 000 人之间),班级人数以多一些为宜(50—60 人)①,理由是这样可以提高生师比,进而降低管理费用,教学以及课外活动也可以更加丰富。但学校大规模和班级人数多也造成了管理上的问题,教师难以关注每一个学生的个性化学习需求,甚至在一些大型中学,出现很多校园暴力、退学、成绩低劣等现象。于是,一些发达国家开始缩小学校规模,减少班级学生数,以此促使学校管理者、教师和学生的关系更加紧密,进而提高学校管理和教育质量。不可避免的是,教育投入也随之增加。学校规模、班额、生师比在经费投入和教育质量的天平上左右摇摆,各个国家都需要按照各国实际情况寻找一个合适的平衡点。②

表 11-4 统计了 1990—1991 年国民平均收入处于不同水平的国家中小学班额标准、实际班额以及生师比,可以看出班额与国民平均收入水平有较高的相关关系:国民平均收入水平越高,班额越小。其中,日本③和韩国④的国民平均收入水平高,但班额和生师比偏高,这两国是例外。丹麦、芬兰、法国、德国、希腊和挪威等欧洲国家都有不同形式的立法,对班级规模提出要求,这些国家的小学最大班级规模在 25—30 人之间。⑤⑥⑦ 英国的班级规模在欧洲国家中相对较高,四个小学生中就有一人在超过 30 人的班级中受教育。⑧

表 11-4　部分国家中小学班额和生师比

| 国　家 | 小　学 | | | 中　学 | | |
|---|---|---|---|---|---|---|
| | 班额标准 | 平均班额 | 生师比 | 班额标准 | 平均班额 | 生师比 |
| 韩　国 | 60 | 42.5 | 32.8 | 初中 70<br>高中 50 | 55.1 | 24 |
| 菲律宾 | 45 以上 | — | 33.4 | 45 以上 | — | 32.4⑨ |

---

① 教育系统人力资源配置与学校编制管理课题组.教育系统人力资源配置与学校编制管理研究[M].北京:北京师范大学出版社,2009.

② 周琴,陈笛,邱德峰.义务教育阶段师资数量需求预测——基于生师比和班级规模的国际比较[J].教育研究,2023,44(07):134-149.

③ 日本总务省.教員の養成、資質向上等に関する行政評価・監視結果に基づく通知(要旨)[EB/OL].[2023-10-20].http://www.soumu.go.jp/menu_news/s-news/daijinkanbou/031211_1.pdf.

④ 叶建源,黎国灿.韩国减少班级人数政策的制订与实践[J].全球教育展望,2005(08).

⑤ 王丽媛.法国:缩小班级规模成为小学教育改革重点[J].人民教育,2017(19):10.

⑥ 日本教育行政学会.各国中小学班级编制的比较研究[J].林松庆,译.外国教育参考资料,1989(03):47-53.

⑦ 陶青.西方发达国家小班化教育政策的演化与比较[J].现代教育管理,2010(09):91-94.

⑧ The Department for Education in England. The School Class Size (England) Regulations 2012[EB/OL].[2023-10-20].www.legislation.gov.uk.

⑨ 数据包含中等师范院校和中等职校。

| 国　家 | 小　学 | | | 中　学 | | |
|---|---|---|---|---|---|---|
| | 班额标准 | 平均班额 | 生师比 | 班额标准 | 平均班额 | 生师比 |
| 日　本 | 40 | 30.8 | 22.7 | 40 | 37.6 | 19.2 |
| 英　国 | 40 | 26.8 | 19.8 | 30 | 21 | 13.4 |
| 德　国 | 35 | 27.4 | 23.3 | 23—38 | 27 | 19.2 |
| 法　国 | 25—35 | 22.5 | 16 | 35—40 | 24.3 | 14.9 |
| 美　国 | 25—30 | 24.5 | 17.2 | 35 | 24.5 | 17.2 |
| 瑞　典 | 20—27 | — | 16 | 22—27 | — | 12 |

资料来源：联合国教科文组织《统计年鉴·1993》[①]等。

　　班级规模的控制还受到国家、地方财政和学校管理体制的影响。综合国力较弱的菲律宾出于提高就学率的目的，与许多国家相反，不限制班级规模，制定的班额最低限度标准为45。北欧五国的学校班额居世界低位，原因有两个，一是除丹麦外各国人口分布十分分散，难以建立集中的大型学校；二是"福利国家"政策追求平等的教育机会和教育质量。在挪威，一至六年级的学校平均规模约为150名学生，七至九年级的学校平均规模约为250名学生，班级规模最多为12人，平均只有9人。即使在丹麦班级人数也不超过18人。瑞典和挪威等曾关闭小规模初等学校，后来又重新倡建这类学校。事实上，关闭小学校是国家和社会不够发达的表现，开放与扶持小学校才是国家富裕的象征和必然结果。世界上班级规模最大的国家几乎都集中在非洲西南部，由于师资和教室严重不足，有些地区每班学生数已超过70或80人，全国平均数为62人。[②] 由于班级规模过大，生师比也到了严重失调的地步。而班额过大、生师比过高往往会对教学质量产生不利影响，因此不能简单认为生师比越高，教育的经济效益就越好。

## 二、高校教师的配备标准

　　各国高校的教师配备标准、确定教师配备标准的方式都不尽相同，有的较为规范，严格地纳入立法或政策规范，有的比较模糊。如苏联和德国通过规定明确的生师比来确定教师

---

[①]　UNESCO. Statistical Yearbook 1993[Z]. UNESCO Publishing & Bernan Press.

[②]　教育系统人力资源配置与学校编制管理课题组.教育系统人力资源配置与学校编制管理研究[M].北京：北京师范大学出版社,2009.

配备标准;日本实行定额制度,根据不同规模学校、不同学科的学生定员与教师定员等指标来确定教师配备;韩国在确定教师配备标准上既规定每个专业应配备的教师数,也规定生师比。大多数国家则根据教育经费收入,教职工工资标准,以及学生人数来确定教师配备。[1]

一般来说,高校教师定编总是离不开生师比,这一比例关系既是影响教师配备的最直接因素,也是教师配备标准的具体体现。在此分别考察高校学生与教学人员和非教学人员之比。

学生数与教学人员数之比是衡量高校教师配备充足性的重要标准。20世纪八九十年代,部分国家高校学生与专职教师比如表11-5所示。

表11-5　部分国家高校学生与专职教师比[2]

| 国　家 | 年　份 | 学 校 类 型 | 学生数与专职教师数之比 |
|---|---|---|---|
| 美　国 | 1989 | 高校合计 | 18.6 |
| | | 公立四年制院校 | 16.6 |
| | | 公立二年制院校 | 30.8 |
| | | 私立四年制院校 | 14.7 |
| | | 私立二年制院校 | 28.8 |
| 苏　联 | 80年代 | 大　学 | 10.7 |
| | | 夜　大 | 20 |
| | | 函　授 | 50 |
| 日　本 | 1990 | 大　学 | 17.2 |
| | | 短期大学 | 23.4 |
| 法　国 | 80年代末 | 大　学 | 25 |
| | | 大学技术学院 | 11 |
| 英　国 | 1990 | 高校合计 | 14.5 |
| | | 大　学 | 11.7 |
| | | 其他高校 | 17.0 |

---

[1] 教育系统人力资源配置与学校编制管理课题组.教育系统人力资源配置与学校编制管理研究[M].北京:北京师范大学出版社,2009.

[2] 教育系统人力资源配置与学校编制管理课题组.教育系统人力资源配置与学校编制管理研究[M].北京:北京师范大学出版社,2009.

| 国　　家 | 年　　份 | 学 校 类 型 | 学生数与专职教师数之比 |
|---|---|---|---|
| 德　国 | 80 年代末 | 大　学 | 10 |
| 荷　兰 | 1993 | 大　学 | 10.7 |
| 奥地利 | 1993 | 大　学 | 9.0 |
| 意大利 | 1990 | 高等学校 | 26 |
| 加拿大 | 1990 | 高等学校 | 20 |
| 澳大利亚 | 1990 | 大　学 | 17.4 |
| 印　度 | 1990 | 大　学 | 15 |
| 韩　国 | 1993 | 大　学 | 27 |
|  |  | 大　专 | 54 |
| 朝　鲜 | 1990 | 高等学校 | 10 |
| 越　南 | 1994 | 7 所最主要大学 | 4.7 |

从表 11-5 可以看出,各国高校生师比或教师配备标准差异较大。同一国家不同层次、类型学校之间的生师比差异也较大。

到了 2020 年,各国学生数与专职教师数之比发生了一些变化,部分国家的数据如表 11-6 所示。

表 11-6　部分国家高校学生数与专职教师数之比(2020 年)

| 国　　家 | 公 立 高 校 | 私 立 高 校 |
|---|---|---|
| 印　度 | 39.6 | 18.8 |
| 哥伦比亚 | 32.1 | 23.5 |
| 比利时 | 27.0 | 15.5 |
| 土耳其 | 21.7 | 23.3 |
| 意大利 | 21.1 | 20.0 |
| 墨西哥 | 20.4 | 20.2 |
| 沙特阿拉伯 | 18.1 | 12.5 |

| 国　家 | 公立高校 | 私立高校 |
|---|---|---|
| 新西兰 | 16.7 | 14.3 |
| 丹　麦 | 15.7 | 27.5 |
| 奥地利 | 14.9 | 12.3 |
| 美　国 | 14.8 | 11.2 |
| 葡萄牙 | 14.8 | 14.1 |
| 荷　兰 | 14.6 | 14.4 |
| 芬　兰 | 12.2 | 17.5 |
| 西班牙 | 11.6 | 16.7 |
| 德　国 | 11.1 | 18.2 |
| 波　兰 | 10.8 | 31.1 |
| 巴　西 | 10.3 | 49.9 |
| 瑞　典 | 9.8 | 10.9 |
| 挪　威 | 8.4 | 19.1 |
| OECD平均值 | 15.3 | 17.3 |

资料来源：Education at a Glance 2022：OECD Indicators[1]。

　　从上述数据可以看出,各国高校生师比的差距有所缩小,多数国家保持在10—20之间。同一国家公立与私立高校之间的教师配备标准仍有一定差距,如印度等国家私立高校配备了更充足的专职教师,公立与私立高校的生师比分别为39.6和18.8;巴西等国家公立高校配备了更充足的专职教师,公立与私立高校的生师比分别为10.3和49.9。OECD国家公立高校和私立高校的生师比平均水平分别为15.3和17.3。另外,在生师比上,学校办学水平越高,生师比越低,意味着教师配备更加充分。

　　不同专业类型的教师配备标准也有差异。从表11-7可以看出,文科的生师比明显高于理工科,理工科又高于医科,这在世界范围内已成为一种普遍现象。

① OECD. Education at a glance：Student-teacher ratio and average class size[EB/OL].[2023-09-20]. https://stats.oecd.org/BrandedView.aspx?oecd_bv_id=edu-data-en&doi=334a3b64-en.

表 11-7　部分国家高校不同学科的生师比 [①]

| 国　　家 | 学校类型 | 文　科 | 理　科 | 医　学 |
|---|---|---|---|---|
| 日　本 | 国立大学 | 13.6 | 8.2 | 2.6 |
| 法　国 | 大　学 | 40 | 15 | 13 |
| 英　国 | 大　学 | 12.0 | 10 | — |
| 德　国 | 大　学 | 18 | 8.6 | — |
| 印　度 | 大　学 | — | 32 | 8 |

上述所指生师比均指专职教师,但忽略兼职教师是无法正确反映高校教师配备的,因为除了专职教师,各国高校普遍存在大量兼职教师。从表 11-8 可以看出,各国高校兼职教师均占有一定比重,平均占比约 50%,最低的有 10%,最高的为专职教师的 2.6 倍。

表 11-8　部分国家高校兼职教师配备

| 国　　家 | 学　校　类　型 | 兼职教师占专职教师的比例(%) |
|---|---|---|
| 美　国 | 公立四年制院校 | 25.0 |
| | 公立二年制院校 | 153.5 |
| | 私立四年制院校 | 56 |
| | 私立二年制院校 | 86.5 |
| 日　本 | 大　学 | 75.0 |
| | 国立大学 | 49.0 |
| | 公立大学 | 73.0 |
| | 私立大学 | 96.8 |
| | 短大合计 | 169.9 |
| | 国立短大 | 236.5 |
| | 公立短大 | 133.6 |
| | 私立短大 | 168.9 |

---

① 教育系统人力资源配置与学校编制管理课题组.教育系统人力资源配置与学校编制管理研究[M].北京:北京师范大学出版社,2009.

| 国　　　家 | 学　校　类　型 | 兼职教师占专职教师的比例（％） |
|---|---|---|
| 法　国 | 高等学校 | 12.9 |
| 英　国 | 高等学校 | 10.0 |
| 德　国 | 大　学 | 61.0 |
| 澳大利亚 | 大　学 | 20.0 |
| 墨西哥 | 高等学校 | 266.6 |
| 韩　国 | 高等学校合计 | 57.6 |
| | 国　立 | 108.3 |
| | 公　立 | 85.9 |
| | 私　立 | 78.5 |

资料来源：《教育系统人力资源配置与学校编制管理研究》[①]。

　　兼职教师与专职教师共同承担高校的教学与科研任务。但兼职教师情况更为复杂，有的作为计时教师聘任，有的承担某门课程的教学，有的作为第二职业，有的虽称为兼职教师但没有其他职业，可能在多个学校任兼职教师。

　　因此，将个人工作量通常低于专职教师的兼职教师数折算成专职教师数，并将二者合在一起统计，才能测出较准确的生师比。但是，兼职教师数的折算相当困难。目前，除美国等极少数国家外，其他国家都没有规定这种折合的标准参数。[②] 若按 3 个兼职教师折合 1 个专职教师加以计算，综合考察专职和兼职教师，部分国家高校的生师比如表 11-9 所示。

表 11-9　部分国家高校生师比

| 国　　　家 | 学　校　类　型 | 学生数与专职教师数之比 | 折合后生师比 |
|---|---|---|---|
| 美　国 | 高校合计 | 18.6 | 14.4 |
| 日　本 | 大　学 | 17.2 | 13.6 |
| | 短期大学 | 23.4 | 14.9 |

① 教育系统人力资源配置与学校编制管理课题组.教育系统人力资源配置与学校编制管理研究[M].北京：北京师范大学出版社，2009.

② 曲恒昌.学生与学校在职人员比率关系的国际比较——兼论提高我国高校投入效益的政策选择[J].比较教育研究，1996(05)：1-6.

| 国　　家 | 学　校　类　型 | 学生数与专职教师数之比 | 折合后生师比 |
|---|---|---|---|
| 法　国 | 大　学 | 25 | 24 |
| | 大学技术学院 | 11 | 10 |
| 英　国 | 高等学校 | 14.5 | 14 |
| 德　国 | 大　学 | 10 | 8.3 |
| 澳大利亚 | 大　学 | 17.4 | 16.3 |
| 韩　国 | 大　学 | 27 | 21.9 |
| | 大　专 | 54 | 39 |

资料来源：《教育系统人力资源配置与学校编制管理研究》[①]。

　　将兼职教师纳入后，生师比普遍有所降低，即每个教师承担学生数普遍下降，平均下降2个单位以上，最少的下降了0.5个单位，最多的下降了15个单位，这样能更好地反映高校教师的配备状况和使用效益。另外，某些国家的高校中有相当数量的专职科研人员，如苏联高校中专职科研人员占教师总数的23％，但在统计时未将他们包括在教师之列。而在另一些国家，在统计时并未将科研人员与教师加以区分，通常将科研人员也算作教师，一定程度上影响到生师比的计算。

　　由于教学人员和非教学人员都是高校师资的重要组成部分，因此将二者合并起来测算学生与教职工之比，可以更全面、更准确地了解和评价各国高校的教师定编和配备，以及师资的总体构成和效益。部分国家数据比较如表11-10所示。

表 11-10　部分国家学生与教学人员、非教学人员以及教职工之比

| 国　家 | 年　份 | 学　校　类　别 | 学生与教学人员之比 | 学生与非教学人员之比 | 学生与教职工之比 |
|---|---|---|---|---|---|
| 美　国 | 1989 | 高校合计 | 18.6 | 9.1 | 6.1 |
| | | 公立四年制院校 | 16.6 | 6.9 | 4.9 |
| | | 私立四年制学校 | 14.7 | 5.8 | 4.2 |

---

[①] 教育系统人力资源配置与学校编制管理课题组.教育系统人力资源配置与学校编制管理研究[M].北京：北京师范大学出版社,2009.

| 国　家 | 年　份 | 学校类别 | 学生与教学人员之比 | 学生与非教学人员之比 | 学生与教职工之比 |
|---|---|---|---|---|---|
| 日　本 | 1990 | 大　学 | 17.2 | 15 | 8.0 |
| 法　国 | 80 年代末 | 大　学 | 25 | 34 | 14.4 |
| | | 大学技术学院 | 11 | 22 | 7.3 |
| 德　国 | 80 年代末 | 大　学 | 10 | 5.6 | 3.6 |
| 荷　兰 | 1993 | 大　学 | 10.7 | 7.8 | 4.3 |
| 澳大利亚 | 1990 | 大　学 | 17.4 | 8.6 | 5.8 |
| 韩　国 | 1993 | 大　学 | 27 | 23.5 | 12.6 |
| 朝　鲜 | 1990 | 高等学校 | 10 | 8 | 4.4 |
| 越　南 | 1994 | 7 所最主要大学 | 4.7 | 16.9 | 3.7 |

资料来源：教育系统人力资源配置与学校编制管理研究[①]。

从表 11 - 10 可以看出,高校中学生与非教学人员之比普遍较低。对于非教学人员占比,在国家范围内,办学水平较高的学校一般高于办学水平较低的学校,工科高校一般高于理科高校,理科高校一般高于文科高校。在世界范围内,发达国家高校的非教学人员占比一般高于发展中国家的高校。

## 第二节　教师编制管理

学校的人力资源管理具有其特殊的规律性,教师编制管理本质上是教育人力资源管理的一部分,既具有教育属性,又具有行政属性,还具有经济属性。虽然许多国家都没有使用"编制"这一专业用语,但各国对教师配备的核定和管理方法,如教师管理制度、规范性政策、法律文件等,可以带来不少启示。

### 一、中小学教师编制管理

各国中小学教师编制的管理权限并不相同,有的国家对教师编制管理通过立法加以规

---

① 教育系统人力资源配置与学校编制管理课题组.教育系统人力资源配置与学校编制管理研究[M].北京：北京师范大学出版社,2009.

范,有的是中央政府或联邦政府提出政策要求,有的管理权限在地方,还有不少学校在编制管理上有高度的自主权。

日本、韩国等几个国家,制定了全国性的权威、系统的中小学教师定编的法律规定或条例。如日本国会根据《学校教育法》的有关规定,于 1958 年、1961 年分别颁发了《关于公立义务教育诸学校的班级编制和教职员定员标准的法律》和《关于公立高级中学的设置、适当配置和教职员定员标准的法律》两个专门的法律文件。① 同时,日本内阁、文部省还分别制定了相应的政令及其实施规划,以配合上述法律的有效实施。日本法律规定,义务教育诸学校的编制标准包括内设机构、班额标准和教职员的定员标准及其特例和管理体制等方面,学校教职员的定员数以市、町、村为单位按班级数配置。因此,都、道、府、县教育行政部门每年都以学校班级的数量和法定系数为基本变量核定计算整个市、町、村学校应配备的基本教师数。② 韩国 1969 年以总统令的方式发布了《教育法实施令》③,其中专门设"教师"一章,对全国各级各类学校编制标准做了规定。中小学教职员编制无论是大城市、城镇还是农村,均依照《教育法实施令》规定按学校班级数确定,故城乡学校教职员编制没有差别。

多数国家对中小学教师的编制没有从法律上加以限定,但情况不尽相同,主要包括三种情况:第一类是法国、荷兰、俄罗斯、朝鲜等国家,在中小学教师定编方面虽然没有制定全国性的法律、法规和编制标准,但教师编制是由国家有关主管部门确定的。第二类是美国、加拿大、瑞典、挪威、印度等国家,中小学教育的管理权限归属各州政府和地方政府、学区管理,学校的编制管理权限也归属地方。美国、加拿大中小学对人员的配备采取经费与学生数紧密挂钩的方式,实行一年一审(审定学校教职员配备比例)一核(核拨教育经费)的动态管理办法。第三类是英国、比利时、奥地利、意大利等国家,学校有高度的自主权,主要根据财政情况和工作需要自行决定人员编制数,如英国学校董事会根据学校财政情况和工作需要决定人员编制定额。④

整体来看,中小学教师编制的管理体制与基础教育管理体制是保持一致的。中小学的管理权限属中央集权式管理的,中央政府或联邦政府一般通过立法或行政手段对中小学教师编制加以统一规定。中小学实行地方分权管理体制和运行模式的,一般由地方政府各自制定适应本地区发展的法律法规,教师的编制管理方式自然也体现出很大的差异性。中小

---

① 内閣府.公立義務教育諸学校の学級編制及び教職員定数の標準に関する法律[EB/OL].[2023-09-23]. http://law.e-gov.go.jp/htmldata/S33/S33HO116.html.

② 戴家干.从日本教育人力资源配置看教师编制管理的特点[J].比较教育研究,1999(01):56-58.

③ 초·중등교육법시행령[EB/OL].[2023-09-23].https://www.law.go.kr/LSW/lsInfoP.do?efYd=20230628&lsiSeq=251969

④ 教育系统人力资源配置与学校编制管理课题组.教育系统人力资源配置与学校编制管理研究[M].北京:北京师范大学出版社,2009.

学校具有高度自主权，一般是校董事会根据财政情况决定教师规模，由于经济条件的差异，这类国家的大城市、城镇、农村学校人员编制定额差别很大，经费充足的学校人员编制情况也相对充足，反之亦反。

## 二、高校教师编制管理

各国高校教师编制管理与其高等教育管理体制密切相关。在高等教育领域实行集权式管理或集权与分权管理相结合的国家，通常制定全国性的高校定编规则，或是中央政府通过行政手段调控高校的教师编制；而在高等教育领域实行分权式管理的国家，高校在决定教师编制方面拥有更大的自主权。

只有日本、韩国等少数几个国家制定了较为完善的全国性高校教师编制管理法律法规，规定了不同类型、不同层次高校的教师编制标准。在日本，《学校教育法》对大学需要设置的岗位做了明确规定，《大学设置标准》[①]《短期大学设置标准》《高等专门学校设置标准》《研究生院设置标准》和《学位授予机构组织运行规则》等，对不同类型高等学校的教师配备标准及其编制管理办法分别做了明确规定[②]。在韩国，《关于国立各级各类学校公务员编制的规定》以及《教育法实施令》[③]中的教师章节，对各级各类学校教师配备标准做了规定。

多数国家没有制定有关高校教师定编的全国性法律法规，具体情况大致可以分为三类：第一类国家如法国、瑞典、奥地利等，它们虽然没有全国性的高校教师定编立法，但中央政府有关主管部门有权确定所属高校的教师编制标准和编制定额。如法国中央教育部通常根据国家教育预算拨款以及在校学生数和开设的课程数量，在征求全国高等教育和教育科学研究理事会的意见后，给所属高校下达教师和行政人员编制定额。瑞典、奥地利高校的教授、副教授的编制定额也由中央政府确定。第二类国家如英国、荷兰、加拿大、澳大利亚、印度、墨西哥等，高校有高度自治权，学校教师编制定额由各校自行确定，定编的主要依据是学校经费收入和发展规划。由于这些高校的经费来源在很大程度上由政府决定和支付，因而其编制定额也受到政府拨款的制约。第三类国家如德国和美国等，这些国家实行联邦制，州政府对高校教师编制定额有相当大的话语权。如德国各州教育行政部门根据高校学生人数等因素，与学校进行协商最终确定各校教师的编制定额。[④]

---

① 文部省.新しい大学设置基準：一般教育[M].东京：大日本印刷株式会社,1970.

② 薛凤德.谈日本高等院校教师的管理制度[J].外国教育研究,1985(04)：46-51.

③ 초·중등교육법시행령[EB/OL].[2023-09-23].https://www.law.go.kr/LSW/lsInfoP.do?efYd=20230628&lsiSeq=251969.

④ 教育系统人力资源配置与学校编制管理课题组.教育系统人力资源配置与学校编制管理研究[M].北京：北京师范大学出版社,2009.

## 第三节　教师配备标准及管理表现出的主要特征

### 一、 美国与加拿大教师编制管理的特点

分散的教育管理体制决定了北美两国没有全国统一的教师配备标准,州(省)关于教师配备的规定也很少。北美两国的高等学校在人员管理方面拥有很高的自主权,政府在一般情况下不加以干预。[①] 根据北美两国宪法规定,各州(省)政府和地方政府、学区被赋予教育管理的职能。[②] 每个州(省)的教育行政部门的职责和权力由州(省)议会立法决定,权限不一,因此各州的(省)教育管理在集权和分权两极间的分布存在差异。从总体上看,美国的中小学教育主要由地方——学区管理,每个学区的教育委员会有权决定有关学区内中小学包括人员管理在内的政策。

教育经费是决定人员编制定额的决定性因素。学区和高等学校每年要制定人员与经费计划。学监根据中小学校长的意见、在校生人数和教学需要提出教师总数定额,同时根据人员经费、教师工资、福利平均水平进行计算形成经费使用报告,经学区委员会通过后才能确定用人数量。因此,在北美两国学校的教师编制管理中,人员和经费计划紧密结合,人员计划由经费计划决定,受经费计划制约。大中小学的人员经费通常占经常性费用(不包括基建经费、购置图书和大型设备经费)的80%—85%。[③]

### 二、 日本教师配备及编制管理的特点

为了追求公立义务教育学校、高级中学教职员配备的适当、合理,提高义务教育和高中的教育水平,日本国会分别颁发了《关于公立义务教育诸学校的班级编制和教职员定员标准的法律》[④]和《关于公立高级中学的设置、适当配置和教职员定员标准的法律》两个专门的法律文件。同时,日本内阁、文部省分别制定相应政令(相当于我国国务院令)及其施行规则(相当于国家教育部制定的"规章")。这些政策法规对公立小学、初级中学、高级中学的教师配备标准及其特例、管理体制等方面进行了明确规定。[⑤] 日本文部省颁发的《大学设置基准》[⑥]则对

---

① 阎国华.自由与控制:美国分权型高等教育管理体制的形成与调适[J].高教探索,2015(08):56-59.
② 顾明远.教育大辞典[M].上海:上海教育出版社,1998.
③ 赵炬明.美国大学教师管理研究(下)[J].高等工程教育研究,2011(06):68-83,115.
④ 内阁府.公立义务教育诸学校の学级编制及び教职员定数の标准に关する法律[EB/OL].[2023-09-23]. http://law.e-gov.go.jp/htmldata/S33/S33HO116.html.
⑤ 戴家干.从日本教育人力资源配置看教师编制管理的特点[J].比较教育研究,1999(01):56-58.
⑥ 文部省.新しい大学设置基准:一般教育[M].东京:大日本印刷株式会社,1970.

大学教员的定员标准作了相应规范。总体上,日本的教师编制管理呈现出如下特点。

第一,以法为本,教师配备标准的权威性和严肃性较强。日本国会以法律形式颁布关于教职员编制的法律,对学校班额、班师比、学校领导职数、职员配备数以及编制管理体制、编制核定办法等都有明确规定,地方政府、相关部门以及学校必须遵照执行;而且还有配套的政令、省令以及地方政府的具体实施办法,体现了法规体系的系统性。除了中小学有法定的教职员定员标准,文部省也颁发了相应设置基准对大学等其他类别学校的教职员定员标准做了基本规范,体现了各级各类学校教职员配备标准的完整性和系统性。①

第二,刚性与弹性相结合。法律一方面规定了学校教职员的法定基本标准,另一方面又分层授权政府、文部省制定机动编制和编制特例标准,同时还允许各都道府县根据本地区的教育和财力状况,在不低于基本标准的情况下适当浮动。整体来看,中小学尤其是义务教育诸学校的教师配备标准刚性较强,而其他类别学校的教师配备标准弹性相对较大一些。②

第三,教育行政部门按照"治事与用人相统一"的原则独立依法管理。学校编制管理部门单一,效率高,可结合教育发展需要及时调整教职员编制标准,教育行政部门每年都对学校的教职员数进行核定和审批,提高配备合理性。

第四,编制管理权限集中和有序。日本义务教育诸学校的设置责任虽然在市町村,但编制管理实行以都道府县教育行政部门管理为主,文部省宏观控制、审批监督的高度集中管理体制。在具体操作过程中,各都道府县教育行政部门每学年都要以市町村为单位核定中小学教职员定员数,并将所辖区内小学和初中的班级数和教职员定员数及其实施标准向文部省书面报告。文部省负责对学校的编制定员数的审批,并监督、指导各都道府县教育行政部门的教师编制管理工作。③

第五,实行人员经费单列,编制与财政拨款直接挂钩。日本法律规定各级各类学校的教职员的定员标准,目的就是要确保举办者(包括政府)依法支付学校教职员的人员经费。对国立、公立大中小学校,日本政府一般是按教职员的人员经费、学生的公用经费以及校舍基建和维修经费等项目分项给予核拨经费。国立大学所需的人员经费由国库负担。对公立义务教育诸学校,国库每年按文部大臣认可的教师定员数所需要的人员经费的1/2拨付给各都道府县,另一半由都道府县财政负担,市町村一般只承担教师以外人员的工资及其学校的运营、维修等费用。④

---

① 李敏,孙曜.日本职业高中教师配置制度探析——兼论我国中等职业学校教师编制管理[J].职业技术教育,2011,32(25):86-89.

② 中央教育審議会.新しい時代の義務教育を創造する(答申)[EB/OL].[2023-09-23].http://www.mext.go.jp/b_menu/shingi/chukyo/chukyo3/siryo/attach/1420145.htm.

③ 川上泰彦.改革は制度運営に何をもたらしたか—教員人事行政を例に[R].仙台:東北大学大学院教育学研究科研究年報,2011.

④ 戴家干.从日本教育人力资源配置看教师编制管理的特点[J].比较教育研究,1999(01):56-58.

## 三、 法国教师配备及编制管理的特点

在法国,教师都属于国家公务员,小学、幼儿园的非教学人员属于地方公务员,由市镇当局配置;中学、大学的非教学人员属于国家公务员,由教育行政部门按公务员法进行管理。教师和非教学人员的编制定额受财政预算约束,财政预算由国民教育部与财政部共同决定,主要依据是学生数量和教学实际需要。教师及中学、大学非教学人员的配备及其标准由国民教育部规定,如 1988 年关于高等教育经费和人员编制的法案规定了高等学校人员配备标准[1],教师的录用、工资由国民教育部统一负责。各省小学教师编制定额由国民教育部下达,各小学教师编制定额的确定及小学教师的调配由省级教育行政部门负责。各学区中学教师编制定额由国民教育部下达,各中学教师编制定额的确定由学区负责;中学教师调配由国民教育部负责,中学的非教学人员调配由学区负责。[2] 大学教师和非教学人员编制定额的确定及人员调配由国民教育部直接负责。同时,法国的教师编制政策规定,国民教育部每年必须根据全国适龄儿童人数的变化和基础教育发展的具体情况,对全国教师的需求作出预测,并根据预测结果来确定教师的编制数和各学区教师的分配指标,从而实现教师配备的合理化。[3]

## 第四节　各国教师配备标准及管理的启示

我国拥有世界上最大规模的教育体系,教师队伍体量也居世界之首,如何科学合理地为各级各类学校配备教师,处理好教师编制总量定额与动态配置的关系,提高教育人力资源使用效率,是推动我国教育高质量发展的关键。通过各国教师配备标准及管理的研究,可以获得若干启示。

第一,教师配备标准是动态发展的,在不同的发展阶段,各级各类学校都可能有特殊要求。法国的教师编制政策规定,国民教育部每年必须根据全国适龄儿童人数的变化和基础教育发展的具体情况,对全国中小学教师的需求作出预测,并根据预测结果来确定教师的编制数和各学区教师的分配指标,从而实现师生比例的合理化。各学段在师资队伍的组成和能力要求上有较大差异,这要求教师配备标准具有针对性,能够体现各学段教育教学的特点。另外,由于区域、城乡教育发展水平不均衡,各个学校的办学情况和实际需求不同,统一

① Kaiser F. Higher education in France-Country report[M]. Netherlands: Center for Higher Education Policy Studies, 2001.

② 朱昆.法国中小学教师配置改革对我国师资配置的启示[J].教育导刊,2010(08):43-46.

③ 刘敏.法国教育领域应对人口变化的策略研究[J].比较教育研究,2023,45(11):24-34,98.

的标准难以适用于所有学校，因此在制定标准时应给学校留有一定的自主权。[①]

第二，逐步降低班额标准是一种国际趋势。对我国与 OECD 国家在中小学生师比与班额方面进行比较分析，可以看出，我国生师比与国外相对接近，但平均班额却相差较大，较低的生师比并未出现预期的较低的平均班额。这一方面凸显了当前我国中小学存在较为严重的大班额和超大班额问题，既受到社会经济发展、政府财政性经费支出等教育系统外部因素的影响，也受到教育政策规划和布局、教育资源投入和分配、教师教学工作量安排、课程设置等教育系统内部因素的影响，且这些因素之间是相互影响、错综复杂的关系。另一方面表明，单一的生师比编制计算方式难以满足我国基础教育的正常运转和可持续发展。[②]

第三，在教师编制管理体制上把握"集权—分权"的度，做到"宏观管好，微观搞活"。美国与加拿大长期以来强调个性教育，但近年来也开始考虑教育的标准和质量问题，在分权走向极端后开始出现集权倾向，这说明教育管理体制的集权与分权并非绝对，而是需要根据教育发展需要和面临的实际问题及时做出调整。因此国家相关部门可以共同制定符合当前国情和教育实际的教师编制标准和管理规程，提出各级各类学校教师编制管理的原则和要求，对教师编制管理进行指导，及时调整大中小学编制标准作为教职工配备的最低标准。同时，各省（市、区）相关部门也可以根据地区教育教学要求和财力情况，共同制定和调整本地的教师配备标准，作为省（市、区）对学校人员编制实行管理和对学校人员经费拨款的依据。对财政状况较好的地区可以考虑进一步放权，允许提高教师配备标准，并负责全部经费的投入和保障。[③]

① 李新翠.我国中小学教师配置标准政策变迁的制度逻辑——基于历史制度主义的分析[J].教育研究,2015, 36(10)：72 - 77.
② 吴瑞君,尹星星,张美丽.教育强国建设目标下统筹优化国家及省域师资配置[J].教育研究,2023,44(09)： 12 - 21.
③ 蔡永红,盛铭,毕妍.从英国中小学教师岗位管理制度看我国教师岗位管理改革[J].比较教育研究,2012,34(06)： 77 - 81.

第四部分

**典型案例报告**

教师编制制度在实践中存在不少矛盾,在很多地区是制约教师队伍建设改革的重要因素。同时,我们也看到,各地涌现出大量的改革经验,创造性地解决了编制制度的矛盾,同时还保留了其制度优势,其中山东省和成都市武侯区的经验具有典型性。深入研究这些创新经验,是深化教师编制制度研究、提出政策改进方案的重要路径。

# 第十二章　省域基础教育教师编制改革的经验

编制是教师队伍建设的基础性制度。近年来,山东省在幼儿园、中小学教师编制改革方面作了系统探索,取得了一系列成绩和经验。为了全面总结山东经验,为全国层面的教师政策完善提供参考,课题组赴山东省开展专项调研,在三个地区召开 6 场座谈会,调研了 3 所中小学,省、市、县(区)的 20 余位政府部门行政人员,以及 20 余位校长、教师参与座谈。通过本次调研,课题组了解了山东省幼儿园、中小学教师编制改革的主要举措和经验。

## 第一节　幼儿园教师编制改革探索

### 一、改革背景

#### (一)"财政供养人员只减不增"成为教师编制改革的刚性约束

2013 年,在十二届全国人大一次会议答记者问中,时任国务院总理李克强明确提出,"本届政府任期内,政府人员和支出只减不增:一是政府性的楼堂馆所一律不得新建;二是财政供养人员只减不增;三是公费接待、公费出国、公费购车只减不增"。其中,编制内教师属于财政供养人员范畴。自此,各级政府均按照 2012 年底的编制总额核定编制数,这成为教师编制供给的刚性约束。

#### (二)事业快速发展和学龄人口增长带来巨大的师资需求

一方面,山东省从 2011 年至 2020 年启动实施三期"学前教育三年行动计划"(第一期 2011 年至 2013 年,第二期 2015 年至 2017 年,第三期 2018 年至 2020 年),学前教育三年毛入园率快速增长到 85%,在园幼儿达到 301 万人。

另一方面,"全面二孩"政策实施以来,山东平均每年出生人口 176 万,从 2019 年开始,迎来入园高峰。2021 年,适龄儿童达到 516 万左右,需要新增中等规模幼儿园 6 300 所左右,幼儿园教师需求达到 27.84 万人。固定的编制总量管理跟不上幼儿数量及幼儿教师需求的动态变化。

### （三）非在编幼儿教师待遇差、保障低、质量弱、不稳定

山东省公办幼儿园在编教师仅占公办园教师总数的 27.94％,持有教师资格证者仅占比 52％。非在编幼儿园教师工资大多在 1 300—2 600 元之间,有的教师月工资只有几百元,待遇水平低且无社会保障。78.84％的幼儿园教师没有评定职称。这导致幼儿园教师质量不高,稳定性差,成为制约幼儿园发展的关键因素。

### （四）中央编办政策和省内上位政策调整为改革带来机遇

2016 年 11 月,山东省率先出台相关文件,明确提出事业编制实行总量管理。机构编制部门应当在事业编制总量内,按照权限对本行政区域的事业编制进行管理。对已制定编制标准的高等学校、中等职业学校、公立医院等公益二类事业单位,实行人员控制总量备案管理。

2017 年 3 月,中央编办印发相关文件,提出"探索事业单位人员控制数管理""有条件的地方可结合实际探索实行人员控制数管理、人员总量管理、员额制管理等,并做好机构编制统计、实名制管理、财政经费、岗位设置、社会保障等政策的衔接"。这在某种程度上是对山东经验的认可和推广。

省内上位政策和国家层面相关政策文件的出台为山东省探索实施幼儿园教师编制改革带来了政策机遇。

## 二、 改革举措

### （一）将"人员控制总量备案管理"政策应用于幼儿园教师

2017 年 12 月 27 日,山东省委组织部、人力资源和社会保障厅、机构编制委员会办公室和山东省财政厅联合发布了相关文件,山东省开始积极探索在实验幼儿园、乡镇（街道）中心幼儿园、公办学校附属幼儿园等公益二类幼儿园实行人员控制总量备案管理。2018 年 3 月,山东省印发更具针对性的文件,明确指出,"现有编制总量内确实无法满足的市、县（市、区）,可对实验幼儿园、乡镇（街道）中心幼儿园、公办学校附属幼儿园等公益二类幼儿园探索实行人员控制总量备案管理,参照公办幼儿园编制标准确定人员控制总量"。

在两个文件的推动下,山东省将"人员控制总量备案管理"政策应用于幼儿园教师。

### （二）按照幼儿园教师配备标准核定人员控制总量数

2017 年 4 月,山东省编办等三部门发布公办幼儿园配备标准。按照该标准,山东省各级编办于 2018 年核定了公办幼儿园的人员总量控制数。

### （三）拟出台配套方案并逐步按新政策开展教师聘任

接下来，山东省拟出台相关配套政策，包括公开招聘方案、岗位设置方案、竞聘上岗实施方案等，并按规定报人力资源和社会保障部门备案。由于财政支付能力和教师供给的限制，按照人员控制总量核定的幼儿园教师不可能一次到位。山东将分批组织招考幼儿园教师进入人员控制总量范围，并落实相关待遇。

## 三、改革经验

### （一）省委省政府主要领导强力推动

2011年3月至2017年3月，山东省分管教育的省政府领导是省委常委、常务副省长孙伟同志。除教育以外，他同时分管发改、编制、人社、城建，协管财政。孙伟同志的身份和工作分工使得山东省在推动教师队伍建设改革方面具有明显的领导优势，也取得了明显的改革效果。在任期间，孙伟同志多次主持召开部门协调会议、工作推进会议、电视电话会议，统筹协调推进问题解决，逐步形成"省级统筹、市级指导、以县为主"的教师队伍建设的"山东样本"。2017年4月至2018年3月，分管教育的省政府领导是省委常委、常务副省长李群同志，他同时分管发改、编制、人社、住建，协管财政。在两任省委常委、常务副省长的大力推动下，教育行政部门、机构编制部门、人社部门、财政部门等协同推进改革，积极开展政策创新。

### （二）各级教育行政部门积极作为

近年来，山东省教育行政部门坚持把解决"教师编制"这块硬骨头作为工作的重点内容。一是与省委领导积极沟通、及时汇报，引起省委领导的足够重视。山东省教育厅在调研的基础上，及时撰写调研报告和政策专报上交上级部门和报送省委领导。二是与机构编制、人社等部门积极沟通。编办、人社、财政部门的联合努力是"人员控制总量备案管理"政策实施的前提。山东省教育厅积极组织调研团队，相关领导带头深入一线调研，热情邀请编办、人社等部门相关同志一起参与调研，了解山东教师队伍建设的真实状况，形成深化改革的共识。三是及时跟进，提出方案，抓紧落实。根据上级领导和相关部门提出的意见，及时沟通，进一步细化改革方案，推动政策落地。

### （三）在现有制度框架内积极开展政策创新

在已有的"财政供养人员只减不增"的制度框架内，山东省在合理限度内寻求政策创新，解决实际问题。山东省及时抓住国家层面在公益二类事业单位实施"人员总量控制备案管理"政策的趋势，顺势而为，在本省出台相关文件，并及时应用到幼儿园教师编制当中。一方面与国家政策发展趋势相一致,另一方面,解决幼儿园教师编制面临的紧迫问题。

## 四、 在全国范围内推广山东改革经验的建议

### (一)充分发挥党委政府的关键作用

在其他地区推广山东经验需要充分发挥党委、政府主要领导的关键作用,高位推动改革。《中共中央国务院关于全面深化新时代教师队伍建设改革的意见》明确提出,"要切实加强领导,实行一把手负责制""各省、自治区、直辖市党委常委会每年至少研究一次教师队伍建设工作"。为此建议,各级党委、政府委任一位党委常委直接分管教育工作,将教师编制改革提上党委常委会的议事日程,负责各部门的日常协调工作,并督导政策的贯彻落实。

### (二)政府各有关部门协同推动改革

教师编制改革与编办、人社、财政部门已有的政策存在一定的不匹配。不仅如此,还对已有的权责分工形成了冲击。深化改革需要充分发挥教育行政部门的积极性、主动性、创造性,在党委、政府领导的推动下,积极与编办、人社、财政部门沟通协调,形成推动教师队伍建设改革的共识,理顺部门之间政策的关系,共同开展政策创新,推动教师编制改革。

### (三)积极寻求国家层面的政策创新

"本届政府任期内财政供养人员只减不增"是2013年初提出的施政目标,到目前,该期限已过。在第五次全国教育大会和国务院常务会议上,时任国务院总理李克强也多次提出"对符合条件的非在编教师要加快入编"。目前这个阶段是国家层面教师编制改革的政策窗口期,建议各级教育行政部门积极联合各方,通过内参、专报、新闻媒体等多种渠道,反映学前教育事业发展对于编制改革的迫切需求,引起重视,尽快推动编制政策的调整。当前一个阶段,推动国家层面政策调整是学前教育编制改革的关键,也是教师队伍建设改革的重要着力点。

## 第二节 中小学教师编制改革经验

## 一、 改革背景

### (一)教师"总量超编,结构性缺员"

山东在2016年新一轮核定编制前,全省中小学教职工总量为85.50万人,超编8.61万人。但现实中,中小学教师又存在城乡不均衡、校际间超缺员并存、学科间余缺不等的现象,

特别是音乐、体育、美术、综合实践、外语等学科专任教师严重不足。

### （二）教师队伍管理体制不够灵活

在事业单位人事管理的传统体制下，受事业单位编制、岗位管理实名制制约，编制、岗位确定到校，教师是"学校人"，教师从一所学校调到另一所学校需办理调动手续，程序繁杂，调动一个教师要在上一年申报一次用编进人计划，占一个指标。一些县（市、区）城乡教师流动需要政府主要负责人签字，特别是事业单位人员公开招聘政策实施后，学校用人逢进必考，教师县域内流动很困难，学校间教师配备"旱涝不均"。教师流动难的问题成为制约教育发展的重要障碍。

### （三）教师补充机制不完善

一是教师招聘晚于公务员和企业招聘，错过了吸收优秀人才的最佳时机。二是笔试内容对教师职业的针对性不强，难以准确评价申请者与教师岗位的契合度。三是用编进人计划审批周期长，致使教师补充不及时，且申报计划层层被核减，甚至取消，造成急需的学科教师无法及时得到补充。四是教师招聘岗位明确到具体学校，农村教师岗位常因报考人数达不到规定报考比例而被取消招聘。

### （四）教师激励机制不健全

调研中，被访者将中小学教师的工作状态形象地概括为"三个千方百计"："先是千方百计地进入事业编制，然后千方百计地评上高级职称，最后千方百计地不上课。"

具体表现在，班主任教师工作量越来越大，但津贴却多年没有提高，教师担任班主任的积极性受到挫伤。教师职称高级岗位设岗比例低，再加上评聘分开和评聘结合政策调整的影响，有的地方多年不能开展正常的职称评聘，影响教师专业发展。另外，教师课时量约束机制不强，以课时量为核心的激励机制不够完善。调研中被访者指出，"存在多教课、少教课收入一个样的现象"。同时，事业单位绩效工资制度实施后，教师课时补贴纳入绩效工资管理，不再单独发放，课时量在绩效工资分配中的导向作用丧失，造成许多教师一旦聘用到高级岗位后，千方百计找借口少上课，甚至调整到教辅岗位，进一步加剧了中小学教师短缺的矛盾。

## 二、改革举措

### （一）完善中小学教师编制标准

2011 年 8 月，山东省出台《关于调整中小学教职工编制标准的意见》，在全国较早实行城乡统一的中小学教职工编制标准。在核编比例上与中央编办、教育部、财政部 2014 年印发的《关于统一城乡中小学教职工编制标准的通知》一致,即高中教职工与学生比为 1∶12.5、初中为 1∶13.5、小学为 1∶19。同时明确规定了附加编制额度。对教学任务重、偏远地区等学校,可本着从严从紧的原则适当增加教师编制,一般按不超过教师总量的 5% 掌握。2013 年 4 月印发的《山东省人民政府办公厅转发省教育厅等部门关于进一步加强农村中小学教师队伍建设的意见的通知》明确提出,5% 的教师机动编制政策,全部用于补充农村中小学急需的学科教师。教师机动编制实行教师多退少进的办法,通过自然减员 5 年内逐步冲销。2016 年 4 月,山东省人民政府办公厅出台了《关于进一步加强中小学教师队伍建设有关问题的意见》,进一步明确和细化了中小学教职工编制标准,构建起生师比和班师比相结合,特殊情况适当倾斜的编制核定标准。具体来讲,一是对于达到标准班额数的学校,按国家 2014 年生师比标准核定编制。二是对乡村小学、教学点等达不到标准班额数的学校,按班师比配备教职工,小学按照每年级(教学班)2.4 名教职工的标准配备,初中按照每年级(教学班)3.7 名教职工的标准配备。三是对于教学改革任务重、育龄妇女较多等特殊情况的学校,按不超过教职工总量 5% 的比例适当增加编制。这种核编方式充分考虑了城乡、校际、国家人口政策等因素,有效缓解了育龄女教师增多等造成的临时性师资紧张问题,更好地满足了各类中小学校发展的用编需求。

以上编制政策的出台,进一步完善了教育系统编制管理体系,规范了幼儿园、特教学校、中等职业学校的教职工编制管理,缓解了长期以来挤占中小学教职工编制的问题,为推动中小学教职工编制改革打下了基础。


**(二)完善中小学编制管理体制和运行机制**

中小学核编以县(市、区)为单位,由县级教育行政部门提出本县(市、区)中小学教职工编制方案,机构编制部门按照编制标准会同财政部门核定本县(市、区)中小学教职工编制,县(市、区)人民政府报市人民政府核准;核准后的方案由市人民政府下达各县(市、区),并报省政府备案。进一步明确省市县三级教育、机构编制、财政部门权责,构建起中小学教职工编制管理逐级联动的工作机制。

一是实行动态调整。按照"总量控制、统筹城乡、结构调整、有增有减"的原则,建立中小学教师编制总量控制、动态调整机制。即,机构编制部门会同教育、财政部门每 3 年核定一次编制总量,教育行政部门每年根据班额、生源以及师资结构等情况具体分配至各学校,实行动态调整,并经机构编制和财政部门备案后组织实施。

二是加大调剂力度。在"县管校聘"统筹县域城乡教职工编制的基础上,加大调剂力度,明确同一县域内中小学教职工编制可以互补余缺。核定的中小学教职工编制总量超过原有总量的,先通过统筹调剂县域内事业编制存量解决;县域内难以调剂的,由设区市调剂解决;个别设区的市也无法解决的报省编办,由省级机构编制部门协调解决。通过统筹调剂,实现该减的减下来,该增的增上去。

三是设立周转编制。机构编制部门在编制总量范围内,充分利用事业单位改革和精简压缩收回的编制以及高校、公立医院实行人员控制总量后收回的空余编制,设立中小学临时周转编制专户。周转编制不计入中小学编制总量,主要用于满编超编学校补充急需专任教师。通过教师自然减员后,周转编制教师转为中小学编制,周转编制相应核减。山东省设立临时周转编制专户 2.2 万,用于补充急需教师。

**(三) 实施"县管校聘",提高编制使用效益**

山东省从 2015 年全面实施"县管校聘"管理改革,强化了教育部门的教师管理职能,为优化教师资源配置创造了条件。全省 137 个县(市、区)已全部开展了"县管校聘"管理改革。

一是强化县级统筹管理职能。省政府发文全面推进"县管校聘"管理改革,明确县级机构编制部门负责核定编制总量,人社部门负责核定岗位总量,教育部门在总量内统筹管理教师编制、岗位分配、招聘使用、交流轮岗、考核评价等具体事务,强化了教育部门对教师资源统筹管理的功能,形成事权和人权对称的机制。同时,根据不同类型学校、不同学科实际,采取科学合理、灵活多样的招聘方式,为学校和教育部门按"有编即补"足额选聘师资创造条件。

二是开展跨校岗位竞聘。县级教育行政部门根据学校的编制余缺情况,统一组织县(市、区)域内符合条件的校长、教师参加岗位竞聘。县(市、区)在统筹各学校班额、生源、师资结构等情况的基础上,合理设定各学校竞聘岗位,实施了直接聘用、校内竞聘、跨校竞聘。

三是优化交流轮岗机制。县域内中小学教师交流,不再申报用编进人计划,由县级教育行政部门提出交流方案,商有关部门同意后组织实施。县级教育行政部门有计划地组织交流轮岗,每年交流轮岗的教师不低于符合交流轮岗条件的 10%。教师交流工作完成后,编制部门及时更新完善编制实名制人员信息。

四是合理调配富余人员。县级教育行政部门按照核定的中小学教职工编制、岗位和教学工作量指导学校确定聘用人员。现有教职工超出编制员额的,管理、教学辅助和工勤人员超过规定比例的,予以调配分流。同时,新增教学辅助和工勤人员一般通过政府购买服务方式解决,自然减员空出的编制主要用于补充专任教师。

五是强化学区内教师资源统筹配置。学区内教师统筹安排使用,实行短缺学科教师走教,实现学区优质师资共享。

通过实施县管校聘改革,2015—2018 年,全省交流轮岗校长、教师达 14.83 万人次;城镇学校到农村学校交流 3.58 万人,城乡学校、校际之间师资差距逐步缩小,有效提高了编制使用效益。

## 三、 改革中遇到的困难

### （一）中小学教职工编制标准偏低

当前全国执行的中小学教职工编制标准是2001年基础教育课程改革实施前制定的，已不适应教学实际。虽然国家2014年统一城乡编制标准，但对师生比的标准未作出调整，没有考虑新课改、人口政策、城乡班额变化、寄宿制学校等因素。尤其是小学师生比标准较低，难以满足教育教学实际需要。

### （二）教师结构性缺员现象依然存在

在国家"财政供养人员只减不增"的大背景下，随着新型城镇化的推进和人口新政策的实施，城乡生源结构发生较大变化，乡村学校生源减少、班额变小，但班级数变化不大，城区学校学位急增，教师的刚性需求加大，目前编制总量难以满足新增教师的需求，供需矛盾较大。

### （三）中小学非在编教师数量较大

在现有编制政策下，一些满编超编的市、县（市、区）为满足实际教学需要，采用政府购买服务的方式招聘了部分非在编教师。这些教师的聘用形式多样，大部分非在编教师与在编教师未实现同工同酬、同等待遇。

### （四）县管校聘改革需要进一步深化

个别地方教师编制、岗位仍然是由编制、人社部门核定到每个法人单位，城乡教师空编、超员等问题仍然难以有效统筹解决。有些农村学校撤并，生源减少导致教师富余，但农村学校老教师教学水平不高，受家长满意度的限制，难以流动到城区学校。部分县（市、区）县级财政没有真正承担农村教职工工资，农村教师流动受制于乡镇财力，造成城乡间、学科间教师超编和缺员并存的现象。

## 四、 进一步深化中小学教师编制改革的思路

### （一）适应学龄人口快速变化，将编制核算周期调整为一年

人口新政策的实施和人口新形势造成受教育人口规模出现变化，城镇化进程中受教育人口向城镇流动也导致县镇大班额问题突出。目前，全国各地的编制核算周期普遍较长（山

东为三年),很难适应学龄人口快速变化的形势。建议将编制核算周期调整为一年,动态适应受教育人口的快速变化。

### (二)应对教育发展新形势,合理调整中小学编制标准

一方面,新课程改革、高考改革等新情况的出现,对传统编制标准形成了冲击:课程数量增加需要配备更多教师,适应新高考出现的选课走班制度也对教师配备提出了新的要求。另一方面,中小学教师中女教师占大多数,在山东的比例约为80%,女教师孕产假对学校开足开齐课程带来挑战。

建议调整中小学教职工编制标准。根据对当前周课时量标准的测算,建议小学师生比核编标准由1∶19调整为1∶16。同时在女性教师占比较高的地区和学校,增加5%—10%的编制数,以应对孕产假带来的挑战。

### (三)完善政府购买教师岗位的质量保障体系

采用政府购买教师岗位方式解决区域性、结构性教师短缺问题,是目前可行的政策方案。但实践中由于政府购买教师岗位缺乏保障,工资有限,吸引力不高,导致教师质量不高、稳定性差。可采取以下措施。一是确定标准。省级政府制定编外聘用教师的工资标准,规范政府购买各级各类教师岗位工资水平及社会保障水平,保障教师权益,提高岗位吸引力。二是明确责任。明确编外聘用教师只要符合入职标准,其人员费用就是政府责任,不能因此挤占学校公用经费。三是纳入预算。将政府购买教师岗位所需经费纳入省(自治区)、市(州)、县财政预算,由各级政府分担。

# 第十三章　成都市武侯区"两自一包"改革的经验

在国家全面推进教育综合改革、深入推进教育管办评分离、促进政府职能转变的背景下,为破解政府机构与公办学校"管办不分"和学校缺乏教师选聘权、自主办学权、经费支配权等问题,四川省成都市武侯区自主试点开展了"学校自主管理,教师自主招聘,经费总额包干"(以下简称"两自一包")的学校管理体制改革,将人权、财权、事权下放给学校,推动学校自主治校、促进学校创新发展。经过几年的努力,"两自一包"改革取得了重要进展,有效地解决了过去存在的诸多问题,引发广泛反响,相关实践和研究成果入选第五届全国教育改革创新典型案例、教育部"十八大以来教育综合改革典型案例"成果集、党的十八届三中全会以来四川省全面深化改革(县级)典型案例。

## 第一节　改革背景

### 一、 现有教师编制无法满足教育需求,制约区域教育发展

随着城市化进程的加速推进,外来务工人口不断增加,大量随迁子女进入城市,加之生育政策调整带来了人口变化趋势,成都市武侯区现有公办学校容纳能力逐渐饱和,已经无法满足持续增长的城市就学需求,无力完全接纳人数激增的新入学学生。为此,武侯区新建了一批公办学校。尽管武侯区 2009 年就已经实施以学生数配置教师编制数的政策,但按照国家、四川省编办"严格控制机构人员,确保编制只减不增"的工作要求,教职工编制数无法作出大的调整,导致新建学校普遍缺乏教师编制,"有学校、没教师"成为区域教育发展的制约因素。同时,学生数却以年均 15% 的速度递增,使得教师编制受控与学生数量快速增长之间的矛盾突出,"上学难"重新成为难题。[①]

---

[①] 四川省成都市武侯区教育局."两自一包"激发学校的主体活力[J].人民教育,2021(21): 49-50.

## 二、 教师管理激励面临制度困境，现代学校制度推进艰难

第一，教师绩效工资制度缺乏动态调整机制，不仅没有给学校管理带来活力，还造成诸多约束和限制。体现为虽然教育经费不断增加，但教师的绩效工资总量一直未作大的调整，且基础性绩效工资占比太高，仅凭奖励性绩效工资来激励教师，作用十分有限。

第二，受到管理体制的约束，公办学校缺少办学自主权，难以对在编教师进行绩效管理、制度约束和激励，缺乏合理的退出机制，在编教师绩效压力相对较小，影响学校人才队伍建设和管理。在准入上，教师招聘考试的主导权不在学校，"逢进必考"成为教师进入公办学校的核心渠道，学校缺乏主动权与话语权，用人存在困难；在管理上，传统公办学校教师管理的主导原则是"身份管理"而非"岗位管理"，无岗位绩效的科学客观评估；在退出上，教师职业在很大程度上已成为"铁饭碗"，退出机制的缺失使得教师聘用制和岗位管理流于形式，难以真正实现。[①]

为了应对旺盛的教育需求和优质教育资源供给不足的矛盾，盘活学校教师队伍活力，挖掘公办学校办学潜力，拓展新公办学校发展思路，迫切需要地方积极试点，形成可行经验，深入推动教育改革发展。由此，成都市武侯区"学校自主管理，教师自主招聘，经费总额包干"的"两自一包"改革应运而生。

# 第二节 改革历程

自 2014 年至今，成都市武侯区"两自一包"改革经历了先行先试、全面推广、深化探索三个阶段[②]，实现了从制度条文向制度化实践的迈进，建立完善了一套以学校自主办学和多部门共同治理为鲜明特征的学校管理制度体系。

## 一、 先行先试，创建一所标杆学校（2014 年 6 月—2016 年 2 月）

2014 年 7 月，武侯区政府将一所占地面积 70 亩、班级规模 48 个班的新建学校——四川大学附属中学西区学校交付区教育局。面对区域教育发展遇到的一系列问题，区委区政府决定在这所新建学校进行改革试点：改革思路是政府简政放权，学校自主办学，取消教师编制，学

---

① 张烨.公办学校"两自一包"改革的制度创新——基于川大附中西区学校创新案例的反思与前瞻[J].中国教育学刊,2018(02)：45-52.

② 吴霓,汪翼,杨庆文."两自一包"：激发公办学校办学活力的制度变革——基于成都市武侯区赋权学校制度供给改革的实践研究[J].清华大学教育研究,2022,43(06)：72-80,92.

校自主面向社会公开招聘教师,实行岗位聘用和劳动合同管理;发展目标是探索出一条变革学校管理体制,新建学校"办一所优一所"的新路径。"两自一包"改革由此发端,武侯区先后成为四川省教育综合改革首批试点区,与中国教育科学研究院合作共建教育综合改革实验区。

2015年11月,武侯区教育综合改革迎来第一次大考,四川省教育综合改革试点工作推进会在四川大学附属中学西区学校隆重举行,省教育厅副厅长对试点学校的办学模式、管理制度给予高度评价:"武侯区政府简政放权,学校充分运用办学自主权,在管理和教育教学上大胆创新,切实考虑教师工资待遇和职业发展,民主决策、科学管理、精心育人、高品质办学,朝着现代学校制度改革迈出了坚实的一步。"[①]

## 二、 稳步推进,激发学校办学活力（2016年3月—2018年1月）

2016年3月,武侯区教育局局长负责的课题"区域教育赋权学校的制度供给改革"立项为教育部2016年重点课题,"两自一包"改革进入新阶段。

2016年8月,区委区政府正式出台《成都市武侯区在新建公办中小学(幼儿园)推行"两自一包"学校管理体制改革的实施方案(试行)》,四川大学附属中学西区学校试点推行的制度被命名为"两自一包",改革经验上升为区域教育管理制度。由此,又有23所新建公办中小学校、幼儿园进入"两自一包"改革序列。

2016年9月,成都市教育局、人社局、财政局、编办联合下发《关于推广武侯"两自一包"改革经验的通知》,在全市新建的公办中小学校、幼儿园深入推广改革模式。四川省成华区、新都区、都江堰市、天府新区等部分区市县开始借鉴试点,相继进入改革序列的学校进行了"一校一策"的多样化探索,涌现出"小初高贯通培养小语种特长生""多元智能评价与课程开发促进学生全面而有个性发展""三标流程管理促进教师专业发展"等一大批具有鲜明特色的"家门口的好学校",进一步证明了"两自一包"改革对于激发学校办学活力的积极作用。

## 三、 深化探索,在创新中发展制度体系（2018年2月至今）

2018年2月,武侯区委区政府出台《成都市武侯区在现有公办学校深化"两自一包"管理体制改革试点的实施方案》(下称《方案》),决定在全区现有公办学校全面开展"两自一包"学校管理体制改革,开启了区域性整体实施现代学校治理的新征程。《方案》考虑到传统公办

---

① 四川省人民政府.全省教育综合改革试点工作推进会召开[EB/OL].(2015 - 11 - 25)[2023 - 10 - 07].https://www.sc.gov.cn/10462/10464/10465/10574/2015/11/25/10360219.shtml.

学校自然减员、编制内外教师比例出现结构性变化等因素，以学校自愿、区局支持为原则，探索出"老校老人"加入"两自一包"改革的新办法①，这一制度创新极大地减小了在传统公办学校推行"两自一包"改革的阻力，进一步扩大改革范围。同时，《方案》对"两自一包"制度的系统集成性、内部协调性、运行流畅性作出全面改进，制度体系更加成熟定型。由此，"两自一包"改革实现了在新建学校稳定推进、在传统学校渐进变革的新尝试，为公办学校高质量发展开辟了一条新道路。

目前，"两自一包"改革已经形成了由 3 项核心制度、9 项实施办法和 5 项配套政策组成的学校管理制度体系(见表 13 - 1 和表 13 - 2)。

表 13 - 1 "两自一包"核心制度与实施办法

| 核心制度 | 实 施 办 法 |
|---|---|
| 学校自主管理 | 《成都市武侯区"两自一包"学校"三张清单"管理办法(试行)》(武府教〔2020〕14 号) |
| | 《成都市武侯区"两自一包"新建学校筹备工作管理办法(试行)》(武府教〔2020〕10 号) |
| | 《成都市武侯区"两自一包"学校章程建设指导意见(试行)》(武府教〔2020〕13 号) |
| | 《加强武侯区"两自一包"改革学校党建工作的指导意见(试行)》(武府教〔2020〕12 号) |
| 教师自主招聘 | 《成都市武侯区教育局"两自一包"改革学校教师管理办法(试行)》(武府教〔2020〕4 号) |
| | 《成都市武侯区"两自一包"改革学校干部选任管理办法(试行)》(武府教〔2020〕11 号) |
| | 《成都市武侯区教育局"两自一包"改革学校名师优师专项激励机制管理办法(试行)》(武府教〔2020〕5 号) |
| 经费总额包干 | 《成都市武侯区"两自一包"经费包干管理实施办法》(武府教〔2018〕122 号) |
| | 《成都市武侯区"两自一包"学校内部审计工作规程(试行)》(武府教〔2020〕15 号) |

表 13 - 2 "两自一包"配套政策

| 政 策 名 称 | 支持核心制度的相关措施 |
|---|---|
| 《关于在我区开展校长岗位职级聘任制工作的通知》(武办发〔2016〕21 号) | 构建完善校长公开选聘、办学责任绩效、第三方评价等措施和机制，破除校长管理中的"官本位"弊端，激励校长专业化发展，鼓励教育家办学 |

---

① 张烨.公办学校"两自一包"改革的制度创新——基于川大附中西区学校创新案例的反思与前瞻[J].中国教育学刊,2018(02)：45 - 52.

| 政　策　名　称 | 支持核心制度的相关措施 |
| --- | --- |
| 《成都市武侯区教育局关于促进学校教师健康发展的工作方案（试行）》（武府教〔2014〕120号） | 实施教师全员阅读计划、全员健康计划、心理关怀计划、营养餐计划，切实解决工作生活中的实际困难，提高教师福利待遇水平； |
| 《关于建立名师优师专项激励机制的试行意见的通知》（成武府办发〔2016〕24号） | 实施32个类别的各级各类教学名师、优秀教师的专项考核奖励机制，建立完善教育教学绩效责任机制，激励全体教师争优创先；通过不断创新教师管理制度，转变教育管理"见物不见人"的陈旧观念，将建设高素质专业化教师队伍作为现代教育治理体系十分重要的组成 |
| 《成都市武侯区教育系统提议工作实施方案》（武府教〔2017〕76号） | 构建"自下而上"民主、科学的教育决策机制，推进教育共同治理实现常态化、制度化 |
| 《成都市武侯区教办中小学校（幼儿园）综合督导评估方案》（武府教〔2019〕120号） | 构建以立德树人根本任务为核心的指标体系，建设公开透明的信息化平台，完善第三方评估机制，加强绩效问责，提高政府管理教育的科学水平和民主化程度 |

## 第三节　改革举措

成都市武侯区教育局颁布的《"两自一包"改革学校教师管理办法（试行）》明确了改革学校教师规模控制数标准、新建改革学校教师规模控制数逐年增加比例、改革学校教师专业技术岗位结构控制、在编教师参与改革原有编制身份锁定、在编教师退出改革的办法等15项规定。其中，与教师编制管理相关的改革举措如下。

### 一、推动教师"编制管理"向"岗位管理"转变

根据改革方案，教育局只负责按照学校学生人数、班级数和课程情况核定学校校聘教师规模控制数，而如何招聘、管理教师，设计科学合理的教师退出机制，优化用人机制等都由学校自主完成。

第一，实行学校自主招聘教师，核心团队之外的教职工不再实施编制管理。政府控制教师规模总量，由教育、编办、人社、财政等部门协同制定控制数核算标准，综合考虑学校规模、教师结构、学生班额、课程设置等情况后下达指标，并实行"一年一核"动态管理。学校根据规模控制数自主确定教师人数、设定工作岗位、制定人员招聘方案，经教育局审批后，面向社会公开招聘符合任职资格和学校自身需求的教师，所聘教师不占用事业编制。[①] 招聘过程公

---

① 教育部.四川省成都市扩大"两自一包"改革试点加快现代学校制度建设［EB/OL］.（2016-10-09）［2023-10-07］.http://www.moe.gov.cn/jyb_xwfb/s6192/s222/moe_1755/201610/t20161009_283301.html.

开透明,规范"公布招聘信息、接受报名、资格审查、笔试面试体检、岗位聘用、签订劳动合同"流程。招聘过程专业严谨,由校长牵头,多部门共同参与,教育局人事部门事前监管,纪检部门事后监管。推行岗位聘用方案,各岗位人员经过自愿申报、公开述职、民主测评等环节竞聘上岗,学校按照岗位聘用方案选用和管理,实现教师由身份管理向岗位管理转变。① 这种做法不仅没有降低岗位吸引力,反而吸引了大量优秀人才。如四川大学附属中学西区学校2016—2019 年共自主招聘教师 114 名,近两年选录比例均为 1∶52;北京第二外国语学院成都附属中学、四川大学附属中学新城分校、成都市沙堰小学近三年自主招聘教师选录比例均在 2% 左右。②

第二,实行合同管理,建立教师聘用"长期合同"和"短期合同"制度。对首次聘用教师,签订 1 年"短期合同";短期合同期满,经考核合格再签订 3—6 年"长期合同"。对工作态度好、教学业绩优、家长学生口碑好的教师,可适当延长聘用时限,签订 3—5 年合同。对教学效果暂时欠佳的教师,实行一年一聘。对无法胜任教学岗位要求的教师,实行"严格退出制",对违反国家法律法规和出现师德问题或重大安全、教学事故的教师实行"一票否决",直接解除合同;对敬业态度差、教学效果差、学生满意度不高的老师实行"约谈提醒、帮扶整改、依法辞退"三步退出机制;对约谈后拒不整改的教师予以辞退。③

## 二、 对编制取消涉及的教师管理办法进行制度创新

"没有编制,学校如何留得住教师"是学校管理面临的首要难题。第一,取消编制面临着人们行为模式的束缚,在现有公办学校推行"两自一包"改革,最大的阻力在于在编教师对拿掉编制身份的恐惧感。为此,武侯区教育局对教师编制涉及的相关利益调整做出必要的政策补偿,探索出"在编教师编制锁定在区教育局,其基本工资、职业年金、住房公积金、保险等基础待遇和相应预算由原编制所在单位进行管理和保障,相关经费预算由区教育局在'两自一包'学校包干经费中统筹列支"的办法,将"老校老人"的编制身份和待遇锁定在档案中,在受聘改革学校期间按照"两自一包"制度进行管理,退休之后恢复编制身份,从而极大地减小了改革阻力。

第二,取消编制还受到现有制度体系的制约。现有教师职称管理制度规定,专业技术岗

① 教育部.四川省成都市武侯区创新"两自一包"学校管理模式扩大学校办学自主权[EB/OL].(2019 - 03 - 13)[2023 - 10 - 07].http://www.moe.gov.cn/jyb_xwfb/s6192/s222/moe_1755/201903/t20190313_373244.html.
② 潘虹,汪翼,唐开平."两自一包":区域赋权学校制度改革的"武侯模式"[J].中小学管理,2020(07):17 - 20.
③ 潘虹,陈兵,胡平.现代学校治理的现实诉求及发展策略——基于成都市武侯区中小学"两自一包"改革案例分析[J].教育学术月刊,2021(06):61 - 66.

位按照编制人数核定总量和配置各级职称结构比例。但"两自一包"改革学校配备的在编教师(核心团队人员)仅为3—6人,如果按照编制人数核算职称人数和结构比例,改革学校教师就不能享有与非改革学校教师同等的权利和机会。为此,武侯区教育局与区编办等相关部门商讨,在自由裁量权许可范围内明确规定"按照教职工规模数的80%确定专业技术岗位总量",保证了改革学校教师的职称评聘与晋升权益,调动了干部教师参与改革的积极性。[①] 同时,在学校经费测算和拨付上,实现了由"按教师编制数、办公经费等多头测算"向"按生包干测算和拨付"的办法转变。

## 第四节 改革经验

2009年以来,随着国家教师编制进一步收紧,成都市武侯区与全国很多城市一样,教职工编制数量基本保持不变,趋于饱和,学校难以引进和流动教师,师资力量无法满足日益增长的教育需求,编制制度成为制约学校管理、区域教育发展的重要因素。在该背景下,成都市武侯区的"两自一包"改革对于突破公办学校面临的教师编制制度困局发挥了卓有成效的作用,为完善我国教师编制制度提供了一些经验和思路。

一是充分保障学校办学自主权,激发学校办学活力。为解决教师编制短缺的问题,引入了市场化的理念,在保持公办学校属性的同时,通过依法治权、简政放权,将教师人事权充分下放给学校,由学校自主决定教师聘任、中层干部选聘、绩效工资分配等事项。强化学校权力的监督与制衡,形成学校依法民主管理、教师按岗聘用取酬、办学充满活力的管理机制,使学校管理趋于扁平化,最大限度地激发学校自主办学的教育活力。

二是在编制制度框架内为教师人力资源管理注入新的活力。在无法打破教师编制标准的情况下,取消"只进不出"的传统教师编制管理模式,开启了公办学校教师队伍主要由无编制教师构成的先河。规范教师聘任制度,建立无编制教师的准入、管理与退出机制,改变了由教育局下拨教师招聘人数并组织招聘、对教师实行编制管理、学校无权解聘教师的局面,打破了现阶段在编教师过于稳定的"铁饭碗"和岗位"终身制"局面。学校能够对教育人力资源进行有效整合,只选择适合的老师,留下优秀的老师。

三是摒弃教师编制管理模式的弊端,回归教师编制制度的初心,将工资收入、岗位晋升、社会保障等教师人事管理与编制制度脱钩,探索出了建立新型教师管理体制的可能性。

---

① 潘虹,汪翼,唐开平."两自一包":区域赋权学校制度改革的"武侯模式"[J].中小学管理,2020(07):17-20.